KB074490

삶이 쓰는 자서전

8인이 함께 쓰는 인생 이야기

우경하

이은미

박선희

김철

박영란

임인수

허지원

하현숙

단 한 번뿐인
소중한 우리의 인생을
내 삶의 주인으로
당당하게 살아 가고 있는
멋진 당신에게
이 책을 전합니다

삶이 쓰는 자서전

초판 1쇄 발행   2024년 08월 17일

지은이_ 우경하 이은미 박선희 김철 임인수 박영란 허지원 하현숙
펴낸이_ 김동명
펴낸곳_ 도서출판 창조와 지식
디자인_ 우경하 & (주)북모아
인쇄처_ (주)북모아

출판등록번호_ 제2018-000027호
주소_ 서울특별시 강북구 덕릉로 144
전화_ 1644-1814
팩스_ 02-2275-8577

ISBN: 979-11-6003-766-1(03190)
정가 15,000원

❖ 프롤로그 ❖

　이 책은 다양한 연령과 직업을 가진 사람들이 함께 쓴 자서전이다.

　우리는 20대~70대까지 다양한 연령대고 직업도 강사, 작가, 간호사, 커피숍 운영, 직장인 등 여러 직업을 가지고 있다. 누군가는 이른 나이에 자서전을 쓴다며 자서전이란 나이 많은 사람들이 쓰는 거 아니냐고 묻기도 한다.

　하지만 자신의 삶을 돌아보는 글을 써본 사람들은 자서전을 쓰는 데는 나이가 중요하지 않다는 것을 알게 된다. 나이를 떠나서 내가 그동안 어떤 삶을 살아왔고 지금 어떻게 살고 있고 앞으로 남은 생을 어떻게 살아야 하는지 되돌아보고 정리해 보는 의미 있는 일이기 때문이다.

　타인의 삶을 보는 이유는 내 삶을 돌아보기 위함이다. 우리의 진솔한 인생 이야기가 세상의 빛이 되길 바란다.

❖ 목차 ❖

1장

나를 알면 인생은 변한다

우경하

어린 시절의 나

내성적이고 소심한 아이 변화를 꿈꾸다

'나의
살던 고향은 꽃 피는 산골
복숭아꽃 살구꽃 아기 진달래
울긋 불긋 꽃 대궐 차리인 동내
그 속에서 놀던 때가 그립습니다.'

군대 시절 38선 철책에서 북한을 바라보며 속으로 많이 불렀다. 이 노래를 부르면 어린 시절 함께 놀던 친구들과 고향 집 마을의 풍경과 추억이 생각난다.

내 고향은 경상북도 안동시 풍산이라는 작은 읍내 마을이다. 안동과 예천의 중간쯤 있고 최근, 인근에 도청이 들어왔고 신도시가 생겼다. 관광지로 유명한 하회마을과도 가깝다. 농사짓는 분들이 많고 우리 집은 내가 어려서부터 농약 장사와 지업사를 같이 했다. 아빠와 엄마를 따라 일을 도우면서 농사일이 매우 힘들다는 것을 알았다.

2남 1녀 중 장남인 나는 어린 시절 내성적이고 소심한 아이였다. 남들은 잘 모르지만, TV에서 본 말 더듬는 사람들을 흉내 내서 그런지 말 더듬는 버릇이 있었고, 남들 앞에서 말하는 게 두렵고 자신이 없었다. 학창 시절 앞에서 발표하는 시간은 가장 힘들고 두려운 시간이었다.

아빠 엄마는 말수가 적은 편이었고 집안에 대화가 많지 않았다. 그 시절인 80년대는 먹고 살기가 빠듯한 시절이기도 했다. 유교문화를 중시하는 경상도 특유의 엄숙하고 무거운 분위기는 나를 숨 막히게 했고 장남이라는 부담과 책임도 나를 힘들게 했다. 그래서 그런지 어른들을 만나면 괜히 기가 죽고 작아졌다.

늘 착한 사람 좋은 사람이 되는 것이 최고의 가치라고 나도 모르게 믿고 살았다. 남들에게 싫은 소리와 거절을 못 했다. 화가 나도 내 감정을 솔직하게 표현하는 방법을 몰라 혼자 속을 끓이는 시간도 많았다. 이런 내 모습이 마음에 들지 않았고 당당하고 자신감 있는 사람이 되고 싶었다. 그랬던 덕분에 나는 늘 변화를 생각하고 원해왔다.

그런 생각의 시간이 모여 여러모로 예전과는 많이 다른, 내가 원하는 내가 되었다. 중학교 때까지 풍산에서 다녔고 고등학교는 안동 시내에 있는 학교에 다녔다. 이후 대구대학교 사회복지 학과에 입학했다. 20살이던 그 당시 아빠가 위암으로 돌아가시고 공부에 뜻에 없어서 대학교는 자퇴했다. 이때부터 나름 자립심이 생긴 것 같다.

성인 시절의 나

15년 차 직장인 책쓰기 코치
1인기업 사업가로 변신하다

"대한민국~짜작자 작작"

열띤 함성이 전국을 뒤엎었다. 2002년 월드컵 4강 신화로 모든 국민이 흥분의 시간이었다. 뜨거운 열기를 뒤로하고 23살 나이에 군대에 갔다. 강원도 화천에서 군 생활을 했고 GOP 경계 근무를 했다. 근무지에서 바라본 그림 같은 산들의 풍경은 오랜 시간 내 기억에 남았다.

제대 후 출세의 꿈을 안고 상경했다. 아르바이트를 시작했고 내 첫 터전은 고시원이었다. 직업전문학교를 다녔고 실내 디자인을 배워 작은 인테리어회사에 취직했고 그 학교에서 지금의 아내를 만났다. 아내와는 2년 연애 후 28살에 결혼했다. 인테리어 회사를 시작으로 자판기 회사, 얼음 회사, 유한킴벌리 대리점을 거쳐 12년을 다닌 전 직장에 들어갔다. 29살 때 일이다.

LED 조명을 제조하는 회사였고 영업부에서 업체 관리, 현장 담당, 납품 등의 업무를 진행했다. 그동안 다닌 회사 중에 제일 직원도 많고 컸던 중소기업이었고 매출은 500억 정도였다. 일도 잘 맞고 사람들도 좋아서 오래 다닐 수 있었다.

하지만 어느 순간 직장이라는 구조에 한계를 느끼기 시작했다. 진정으로 원하는 내 일이 아니라는 것을 알게 되었다. 회사를 얼마나 오래 다닐 수 있을지 미래가 불안했고, 몇 년 후 나의 미래가 될 직장 상사들의 모습이 행복해 보이지 않았다. 내가 정말 잘하고 좋아하는 가슴 뛰는 내 일을 하고 싶었다.

퇴사를 결심했다. 오프라인 창업을 하기 위해 인터넷으로 다양한 정보를 찾던 중 우연히 무자본 창업, 1인기업이라는 것을 알게 되었다. 창업할 때 들어가는 초기 비용과 고정비가 매우 적다는 것이 흥미로웠다. 무엇보다 눈에 보이는 상품을 파는 것이 아니라 가지고 있는 경험과 지식을 사람들에게 글, 책, 강의 형태로 나누어주면서 사업을 하고 그를 통해 나 자신에 성장하고 발전할 수 있다는 점에 가장 큰 매력으로 다가왔다.

직장을 다니면서 주말마다 틈틈이 사람들을 만났고 책,

영상 등으로 공부했다. 퇴사와 사업의 준비가 되지는 않았지만, 이 길이 내 길이라 확신이 들어 주변의 반대를 뿌리치고 2020년 나이 40살에 과감히 퇴사했다. 1인 기업으로 성장하고 나만의 수익모델을 만들기 위해 다양한 교육을 받으며 성장해 갔다.

초반엔 사업 경험이 없어 많은 시행착오를 겪었다. 하지만 꾸준히 도전하고 실행한 덕분에 지금은 나만의 브랜드와 수익구조를 만들었다. 약 4년간 정말 치열한 인생을 살았다. 힘들었지만, 내면과 외면이 많이 성장한 시간이었다.

미래의 나

멋진 경영자와 자유를 꿈꾸다

'우리의 미래는 밝습니다.' 내가 좋아하는 말이다. 과거는 바꿀 수 없지만 미래는 바꿀 수 있다. 사람의 가장 신비로운 능력은 바로 생각의 힘이다. 원하는 것을 생각하면 그것을 이루기 위한 아이디어들이 주변에 모여든다. 원하는 미래를 그리고 행동하고 성취할 때 우리는 성장하고 행복을 느낀다.

1인 기업을 공부하면서 '나를 아는 것'의 중요성을 깨달았다. 우리가 바라는 진정한 행복과 성공은 나를 아는 것에서 시작한다. 나를 알기 위해 나 자신에게 수많은 질문, 마음과 감정 관찰, 글쓰기를 꾸준히 했다. 이를 통해 내 존재의 진정한 가치와 세상에서 우리 모두의 '나'가 가장 소중하다는 것 그리고 모두가 각자 자기 인생의 주인임을 알게 되었다. 이런 경험으로 '나연구소'라는 브랜드를 만들었고 '나'의 가치를 전하고 있다. 이후 '하루만에 책쓰기'라는 전자책을 하루 한 권 완성하는 프로젝트를 1년 가까이 꾸준히 진행하면서 더욱 성장했고 전자책 전문가가 되었다.

지금은 전자책출판 코칭 강의, 종이책 공동 저자 출판프로젝트, 전자책출판지도사 책 쓰기 코치 강사 양성 자격증 과정 등의 운영을 통해 주로 1인 기업 사업가들의 성장과 브랜딩을 돕는 일을 하고 있다. 최근엔 노년층이 증가하는 시대의 흐름에 맞추어 자서전의 가치를 더하기 위해 한국자서전협회를 설립했다.

　1인 기업으로 혼자서 일하는 것이 아니라 많은 파트너와 함께 협업을 통한 비즈니스를 만들고 확장하고 있다. 앞으로는 실무를 함께 할 직원들을 고용해서 나라에서 필요한 일자리를 창출하고 후배 양성에도 힘을 쓰려고 한다. 강사를 넘어 진정한 경영자가 되고자 한다.

　미래의 나는 자유인이 된다. 시간적 경제적 자유를 포함한 인생의 많은 부분에서 자유를 이룬다. 내 목표는 나이 50까지만 열심히 재미있게 일하는 것이다. 50 이후엔 돈을 벌기 위해 일하지 않고 나의 재능이 필요한 사람들에게 나누어 주면서 여유롭고 풍요로운 인생을 살 것이다. 우리는 더 나은 미래가 있고 꿈을 꿀 수 있기에 힘든 시간을 견딘다. 삶의 동기부여와 열정도 지금 보다 너 나은 미래가 있다는 믿음 때문이다. 사람의 운명이란 정해져 있지 않고, 개인의 희망과 열정으로 만들어진다. 생각의 힘과 행동이라는 실행을 더 해 우리가 원하는 행복한 인생을 만들어가자.

도전과 성취의 경험

100권작가 책쓰기 코치되다

"당신 뭐에 홀린 사람 같아!"라고 아내가 말했다. 무자본 창업' '1인기업 창업' 등 평소 안 하던 말을 하던 나를 불안하게 바라보며 아내가 한 말이다. 그렇다. 나는 무언가에 홀린 사람이었다. 충분히 그럴 만도 하다. 10년 넘게 우직하게 직장을 잘 다니던 사람이 평소 안 하던 말들을 하고 갑자기 창업을 하겠다고 여기저기 다니니 불안했을 것이다.

뭐니 뭐니 해도 내 인생의 가장 큰 도전은 15년 정도 한 직장 생활을 정리하고 1인 기업을 시작한 일이다. 내 나이 40의 일이다. 직장 생활에 한계가 느껴졌고 내 삶이 행복하지 않고, 가슴 설레고 나의 온 열정을 다할 수 있는 나만의 멋진 일을 너무도 하고 싶어서 과감히 선택한 일이다.

물론 나도 불안했고 겁이 났다. 한 가정을 책임져야 하는 가장이기도 했고 경험이 전혀 없었기 때문이다. 또한 30대 젊은 나이가 아닌 40이 된 시점이었었다. 잘 된다는 확신은 없었지만 나는 도전하고 싶었다. 지금이 아니라 어영부영 2~3년을 더 보내도 내 삶은 변화가 없을 것이라고 생각했다. 잘 해야만 하는 환경, 변할 수밖에 없는 곳으로 과감하게 나를 던졌다.

시간이 지난 뒤 내 선택이 옳다는 것을 알게 되었다. 그렇게 깨달을 때까지 3년이 넘는 시간이 걸렸고 그사이 참 많은 일이 있었다. 나는 내 시간을 나름대로 사업 성장에 알차게 사용했다. 15년 넘는 직장 생활을 통한 성실함과 책임감을 바탕으로, 거기에 무한한 자존감을 무기로, 잘 해야만 하는 환경의 힘으로, 끊임없이 도전하고 시행착오를 거치며 자타공인 참 많은 일을 했고 만들어 냈다.

사람들은 말한다.
"우 대표님은 사업을 10년 정도 한 것 같아요."

기분 좋고 듣기 좋은 칭찬이다. 전자책출판 전문가, 닉네임 100권작가, 나연구소 대표, 한국작가협회 초대회장, 도서출판 등 이사, 한국자서전협회장, 공동저자 종이책출판 프로젝트 리얼시리즈, 2박3일 호텔책쓰기 캠프, 전자책출판 지도사, 자서전출판지도사 등의 콘텐츠를 만들었다. 때론 나 자신도 '언제 이렇게 많은 것을 만들었지?' 하며 놀라고 나 자신을 칭찬한다.
"나는 아직도 배고프다." 월드컵 4강 신화라는 놀라운 업적을 낸 히딩크의 말이 생각난다. 나는 말한다. "언제나 내 인생은 지금부터가 시작이다."

내 브랜드명이자 화사명은 '나연구소'다. 슬로건은 '당신이 가장 소중합니다'다. 나연구소는 모두의 '나'가 가장 소중하고 내 인생의 주인이라는 메시지와 철학을 전하는 곳이다. 나연구소는 내가 나를 알기 위해 질문, 마음 관찰, 글쓰기를 꾸준히 하면서 내 안에 운명처럼 만난 이름이다.

내 인생의 주인이 되고 행복하기 위해선 나를 알아야 했다. 그러기 위해 나는 이런 질문들을 내 마음에 묻고 묻고 또 물었다. '너는 누구니?, 너는 어떤 사람이 되고 싶니? 네가 정말 원하는 것은 무엇이니? 니가 좋아하는 것은 무엇이고 싫어하는 것은 무엇이니? 너는 무엇을 할 때 행복하고 누구와 있을 때 마음이 불편하니?' 주로 이런 질문이었다.

그리고 내 생각 마음 감정을 바라보고 느끼는 연습을 했다. 마음을 관찰하는 것이다. 그를 통해 내 마음이 무엇을 할 때 행복한지, 누구와 있을 때 편안한지, 어떤 때에 내 마음이 힘들고 불편한지 계속 관찰했다. 그러면서 이러한 모든 것을 블로그에 글로 기록하기 시작했다.

이런 경험을 통해 늘 외부로, 남에게로 향하던 시선이 안으로, 나에게로 전환되었고 내 안에 있는 진짜 나를 만났다. 내 안에는 내면 아이, 어린 아이라고 하는 또 다른 내가 있었다. 그 아이를 만나 화해와 용서를 구하고 스스로 정화하고 치유를 경험했다.

그러던 어느날 내 안에서 '내가 나를 연구하네' '나연구' '나연구소!'라는 이름을 운명처럼 만났다. 시간이 지난 뒤 내가 이런 이름을 만난 것은 나처럼 나를 몰라 인생이 힘든 사람들에게 당신이 가장 소중하다는 가치를 전하는 것이 나의 사명임을 알게 되었다.

그때 배운 가장 큰 깨달음은 나에 대한 감사와 사랑이다. 힘들었지만 잘 견뎌준 나에게 감사했고 그동안 나를 모르고 외면했던 나를 사랑한다고 말했다. 나를 가장 힘들고 외롭게 한 존재는 타인과 세상이 아니라 바로 나 자신이었다.

나를 알고 나를 사랑하게 되면서 내가 나의 가장 좋고 친한 친구가 되었다. 그때 이후 마음이 편안해지고 내 안에서 자유를 느끼게 되었다.

❺　가장 행복했던 시간과 힘들었던 시간

지금과 사업 초기

'행복은 이미 우리 안에 있다.'

언제나 우리가 바라는 것은 행복과 성공이다. 예전엔 행복과 성공이 아주 멀고 높은 곳에 있다고 생각했다. 하지만 이제는 안다. 이미 행복하고 성공했다는 것을 말이다. 그리고 언제나 행복과 성공은 바로 지금, 이 순간에 있다. '아직'이 아니라 '이미'다!

"바다 위를 걷는 것이 기적이 아니라 땅 위를 걷는 것이 기적이다." 고 틱낫한 스님이 한 말이다. 그렇다. 우리가 이 땅에 태어나서 하늘 아래 존재하고 걷고 있는 것만으로도 이미 기적을 경험하고 있는 것이다.

돌아보면 인생을 살면서 행복한 순간이 참 많았다. 아내와 만남과 결혼, 두 아이 출산, 1인 기업으로 성장, 나만의 사무실, 좋은 차, 좋은 집 등. 그중에서 가장 큰 행복은 '나'의 가치를 깨달은 것이다. 나 자신이 가장 소중하고 내가 내 인생의 주인이라는 알게 된 것, 나를 아끼고 사랑하며 진짜 나로 살아가고 있는 지금, 이 순간이 가장 행복하다.

나는 오직 이 시간에만 존재한다.

더불어 내가 경험하고 깨달은 진리와 가치를 글, 책, 강의, 프로그램 등으로 세상 사람들에 전하는 역할과 소임을 다 하고 있어 더욱 감사한 일이다. 나로 인해 누군가가 성장하고 행복함을 느낄 때 이 또한 큰 보람이다.

우리가 힘든 일을 잊을 수 있는 가장 큰 무기는 바로 시간이다. 아무리 힘든 일도 시간이 지나면 무뎌지고 기억 속에서 잊히게 마련이다. 인생을 살면서 누구나 힘든 일을 겪고 위기를 만난다. 고난이 없는 인생은 없다. 이런 다양한 일을 경험하고 이겨내며 우리는 인생을 배우고 삶의 이치와 지혜를 깨닫는다.

내 인생에서 가장 힘든 순간 2가지를 꼽자면 열심히 보고 듣고 배운 대로 살았지만 진짜 나로 살지 못해 가슴 답답했던 시절과 사업 초기다. 여러 이유로 내가 무엇을 원하는지 어떻게 살아야 하는지 아무것도 몰랐다. 어두운 터널 속에 갇혀있고 마치 빠져나올 수 없는 깊은 늪에 빠진 것 같았었다.

그리고 1인 기업 초기 사업에 대한 개념과 나만의 수익 모델이 없어서 힘들었다. 통장에 돈은 다 떨어지고 자존감은 바닥이었다. 하지만 이젠 안다. 모든 것이 경험이고 배움임을, 그때의 시간이 지금의 나를 만들었음을 말이다.

내가 배운 인생의 교훈들

나를 알면 인생은 변한다

우리의 인생이란 참으로 놀랍고 신비하다. 변화를 간절히 원했고 실제로 많이 변했기 때문이다. 또한 앞으로 많은 시간이 남아 있기에 더욱 큰 꿈을 꾸고 희망을 품고 하루하루를 살고 있다. 원하는 것을 생각하고 현실로 이루어 가는 것이 인생의 가장 큰 보람이고 행복이다.

여러분은 세상 사람들에게 전하고 싶은 메시지가 있는가? 있다면 무엇인지 궁금하다. 나는 다음 3가지 메시지를 글, 책, 강의, 영상 등으로 전한다.

'당신이 가장 소중합니다.
책은 보는 것이 아니라 쓰는 것이다.
1인 기업이 가장 거대한 기업이다.

이 메시지는 내가 인생을 살면서 느끼고 깨달은 경험에서 나왔다. 그리고 그 시작은 결핍이었다. 나의 소중함을 모르고 살았기에 인생이 공허하고 행복하지 않았다. 그 원인이 내가 나를 모르기 때문이라는 것을 깨닫고 나를 알기 위해 질문, 마음 관찰, 글쓰기를 미친 듯이 했다. 그런 경험으로 "나"라는 가치와 '나연구소' 이름을 내 안에서 운명처럼 만났다.

책을 볼 때보다 쓸 때 더 많이 성장했기에 책 쓰기의 매력을 깨달았고 1인 기업의 무한한 가능성을 보았다. 나는 지금 최고의 인생을 살고 있다고 믿는다. "산 정상이 어디냐고 묻는다면 내가 서 있는 지금 이곳이 정상이다." "내가 가는 곳에 길이고 나와 우리는 길을 만드는 사람들이다."

미래는 설레는 동시에 불안하다. 무한한 잠재력과 가능성이 있기에 설레고 모르기에 두렵다. 2가지의 감정 중 무엇을 고를지는 우리의 선택이다. 그리고 선택에는 책임이 따른다. 지금 나의 모든 것은 내 선택의 결과기에 내가 책임을 진다는 마음으로 세상을 살아가자. 잘못이 아니라 책임이다. 책임이라는 말은 모든 주도권이 우리 자신에게 있다는 말이다.

'내가 애써 얻으려는 것보다 삶이 나에게 주려는 것이 더 크다.' 그렇다. 우리는 길어야 고작 100년을 살다 가지만 우리가 사는 이 세상은 수십억 년을 이어져 왔고 수많은 사람의 지혜가 녹아있다. 세상이 주는 모든 것을 두 팔 벌려 환영하자.

결국 될 일은 되고 우리의 미래는 밝다. 나를 몰라 힘들었고 나를 알고자 노력한 덕분에 인생이 변했다. 모든 답은 이미 우리 안에 있다. 나를 알면 인생은 변하고 최고의 자기 계발은 나다움이다. 내 마지막 글은 '언제나 당신이 가장 소중하다.'이다.

2장

꿈과 현실의 경계에서

이은미

어린 시절의 꿈과 환상 그리고
꿈와 현실이 겹치는 첫 경험

어릴 적, 엄마 없이 아빠의 손에 자란 나는 외로움과 엄격한 훈육 속에서 상상력과 꿈을 키워 나갔다. 내 방 한구석에 쌓여 있던 수많은 책은 나의 유일한 친구였고, 그 책들을 통해 나는 무수한 세계를 여행했다. 때로는 해적선의 선장으로, 때로는 마법사의 제자로, 때로는 공주의 친구로서 끝없이 펼쳐지는 상상의 세계를 누볐다.

내가 다섯 살 때, 처음으로 상상의 친구를 만들었다. 그는 작은 도깨비였다. 깨비는 내가 상상한 모든 모험에 동참했고, 깨비와 함께하는 시간은 언제나 즐거웠다. 아빠의 엄격한 훈육 속에서, 깨비는 나에게 자유와 위안을 주는 존재였다. 나는 종종 내가 꿈꾸는 환상 세계를 그림으로 그리곤 했다. 깨비와의 모험, 신비로운 숲, 말하는 나무와 노래하는 새들까지, 모두 그림 속에 담아냈다. 이 그림들은 나의 상상력을 더욱 풍부하게 만들어 주었고, 내가 경험한 꿈과 환상의 세계를 현실로 느끼게 해 주었다. 또한, 나는 깨비에게 편지를 쓰기 시작했다. 물론, 그는 상상의 친구였지만,

그에게 편지를 쓰는 것은 나에게 큰 위로가 되었다. 편지 속에서 나는 깨비에게 나의 일상과 고민을 털어놓았고, 그는 항상 나에게 용기를 북돋아 주는 답장을 보내주었다.

나의 상상 속에서.

아빠는 나의 이러한 행동들을 잘 이해하지 못했지만, 나를 사랑하는 마음은 느낄 수 있었다. 아빠는 엄격했지만, 내게 꿈을 꾸는 것의 소중함을 가르쳐 주었다. 내가 상상 속에서 찾은 기쁨과 위안을 존중해 주었다. 어느 날, 나는 현실에서 깨비를 보게 되었다. 그날 학교에서 돌아오던 길에, 나는 우연히 골목길에서 작은 도깨비를 발견했다. 그 도깨비는 내가 상상 속에서 본 깨비와 똑같았고, 나에게 인사를 건넸다. 나는 너무 놀라서 그 자리에서 얼어붙었다.

그날 이후, 나는 종종 깨비를 현실에서 볼 수 있었다. 나에게 비밀스러운 장소를 안내해 주었고, 우리는 함께 모험을 즐겼다. 그러나 나는 이것이 현실인지, 아니면 단순한 꿈인지 혼란스러웠다. 나는 아빠에게 이 이야기를 했지만, 그것을 단순한 어린아이의 상상력으로 치부했다.

나는 나의 가장 친한 친구들에게도 깨비와의 경험에 대해 이야기했다. 처음에는 나를 믿지 않았지만, 나와 함께 그 골목길을 탐험하면서 조금씩 나의 이야기에 관심을 가지게 되었다. 우리는 함께 깨비를 찾기 위해 여러 차례 그 장소를 방문했다. 깨비의 경험을 통해, 나는 꿈과 현실 사이의 경계를 탐험하게 되었고, 그 과정에서 많은 혼란과 어려움을 겪었다. 그럴 때마다 나는 일기를 썼다.

일기 속에서 나는 나의 감정과 고민을 솔직하게 털어놓았고, 그것은 나에게 큰 위로가 되었다. 깨비와의 모험을 기록한 일기장은 나의 가장 소중한 보물이 되었다. 현실과 환상이 겹치는 순간들이 반복될수록, 나는 그 경계를 넘는 방법을 배우게 되었다. 깨비는 나에게 현실 속에서도 꿈을 꾸는 법을 가르쳐 주었다. 나는 깨비의 도움으로 현실에서 마법 같은 순간들을 경험하게 되었고, 그것은 나의 삶에 큰 영향을 미쳤다.

깨비와의 모험을 통해, 나는 상상력과 창의력이 얼마나 중요한지 깨닫게 되었다. 나에게 꿈을 꾸는 것이 얼마나 중요한지, 그리고 그 꿈을 현실로 만드는 것이 얼마나 소중한지를 가르쳐 주었다. 이 경험은 나의 삶에 깊은 인상을 남겼고, 나는 그 이후로도 항상 꿈과 현실을 넘나드는 모험을 즐기게 되었다.

어린 시절의 꿈과 환상, 그림 그리기, 편지 쓰기, 일기 쓰기 경험은 내 인생에서 매우 소중한 부분이었다. 깨비와의 특별한 만남과 모험을 통해 나는 현실과 꿈의 경계를 넘나들며 성장했고, 그것은 나의 삶을 풍요롭게 만들어 주었다. 아빠의 엄격한 훈육 속에서도 나는 나만의 세계를 만들어 나갔고, 그 세계는 나에게 힘과 용기를 주었다.

성장과 변화
학창 시절의 꿈과 도전
그리고 현실의 벽

어린 시절의 꿈과 환상이 나의 상상력을 키워준 덕분에, 나는 학창 시절에도 여전히 꿈 많은 아이로 자랐다. 깨비와의 모험은 내게 강한 상상력과 창의력을 주었고, 나는 그것을 학업과 일상생활에 적용하려고 노력했다.

학창 시절, 나는 다양한 꿈을 꾸기 시작했다. 나는 예술가가 되고 싶었다. 내 그림과 이야기들을 통해 사람들에게 나의 상상 속 세계를 보여주고 싶었다. 또한, 작가가 되어 나의 이야기들을 책으로 엮고 싶었다. 이런 꿈들은 나에게 큰 동기부여가 되었고, 막연한 공상과 상상만으로 꿈을 향해 나아갔다.

학교에서는 미술과 문학 수업을 특히 좋아했다. 미술 시간에는 깨비와의 모험을 그림으로 그리곤 했고, 문학 시간에는 상상 속 이야기를 글로 풀어냈다. 선생님들은 나의 작품들을 칭찬해 주었고, 친구들도 나의 이야기를 흥미롭게 들어주었다. 내가 정말로 예술가나 작가가 될 수 있을 것 같다는 희망을 품게 되었다.

그러나 현실은 그렇게 간단하지 않았다. 아빠는 내가 예술가나 작가가 되는 것보다는 안정적인 직업을 갖기를 원하셨다. 나의 미래를 걱정하며, 나에게 더 실용적인 꿈을 꾸도록 조언하셨다. 아빠의 기대와 나의 꿈 사이에서 나는 갈등을 겪기 시작했다.

고등학교에 진학하면서 현실의 벽은 더욱 두드러졌다. 학업의 부담은 점점 커졌고, 나는 점차 예술과 글쓰기에 할애할 시간이 줄어들었다. 대학 입시 준비로 인해 나의 창작 활동은 뒷전으로 밀려났다. 또한, 학업 성적을 유지하기 위해 많은 시간을 공부에 쏟아야 했다.

아빠는 나에게 공부에 집중할 것을 강하게 요구하셨다. 그는 내가 좋은 대학에 진학하여 안정적인 직업을 갖기를 바라셨다. 나는 아빠의 기대를 저버릴 수 없었고, 따라서 나의 꿈을 포기해야 한다는 생각에 마음이 무거웠다. 나는 점점 더 현실에 순응하게 되었다.

이 시기에 나는 힘들 때마다 일기를 썼다. 일기 속에서 나는 나의 감정과 고민을 솔직하게 털어놓았다. 일기는 나의 상처받은 마음을 치유해 주었고, 나에게 위로를 주는 소중한 친구가 되었다. 일기를 통해 나는 나의 꿈을 잃지 않으려 노력했다. 현실의 벽에 부딪혀도, 나는 여전히 꿈을 꾸고 싶었다.

어느 날, 꿈을 꾸었다. 그날 밤 꿈속에서 누군가가 나의 손을 잡고 말했다. "너의 꿈을 포기하지 마. 현실이 아무리 힘들어도, 너의 상상력과 창의력은 너를 지켜줄 거야." 그 말은 나에게 큰 용기를 주었고, 나는 다시 한번 나의 꿈을 향해 나아가기로 결심했다.

❸ 첫 번째 경계 넘기

직장 생활과 사회생활의 어려움
그리고 꿈을 현실로 만드는 첫 시도

어린 시절의 꿈과 환상이 현실의 벽에 가로막히면서, 나는 상업고등학교를 졸업하고 직장 생활을 시작하게 되었다. 가정 형편과 경제적 어려움으로 인해 대학 진학의 기회를 놓치면서, 나의 꿈은 점점 더 멀어지는 듯했다. 직장 생활의 반복적인 일상과 사회적 압박 속에서 나는 예술과 문학에서 점점 멀어져 갔다. 그러나, 그럼에도 불구하고 나는 밝고 친절한 소녀로서 끊임없이 꿈을 찾으려는 노력을 기울였다.

상업고등학교를 졸업하고 취업한 후, 나는 서울의 큰 회사에서 일하게 되었다. 매일 아침 출근하면서 반복적인 업무와 일정에 맞춰 일하는 것은 처음에는 신선하게 느껴졌지만, 시간이 지날수록 점점 지루하고 힘들게만 느껴졌다. 직장 생활의 스트레스와 사회적 압박은 나의 에너지를 소진시키고, 예술과 문학에 대한 열정은 점점 더 희미해졌다. 경제적 자립을 위해, 나는 꿈을 잠시 내려놓고 현실에 맞춰 살아가야 했다.

사회생활을 하면서 나는 예술과 문학에 대한 갈망을 느꼈지만, 현실적인 문제와 업무에 쫓기면서 그 열정을 지키는 것이 점점 어려워졌다. 나의 퇴근 후 시간은 피곤함에 지쳐서 종종 방황하게 되었고, 내 꿈을 실현하기 위한 에너지를 찾는 것이 힘들었다.

그럼에도 불구하고, 나는 직장에서의 관계와 친절한 태도를 잃지 않으려 노력했다. 사람들과의 소통을 통해 긍정적인 에너지를 얻으면서, 조금씩 내 안의 꿈을 되살리기 위한 방안을 모색했다.

어느 날, 나는 자신에게 솔직해져야 한다는 것을 깨달았다. 꿈을 현실로 만들기 위한 작은 시도를 시작하지 않으면, 나는 계속해서 꿈을 잃어버리게 될 것이라고 느꼈다. 그래서 나는 퇴근 후와 주말을 활용해 예술과 문학에 다시 접속하기로 결심했다. 작은 일부터 시작했다. 내가 좋아하는 그림을 다시 그리기 시작하고, 짧은 글을 써보는 것에서부터 시작했다. 그 과정은 힘들었지만, 내 안의 열정을 되살리는 데 도움이 되었다.

나는 지역 사회의 아트 클래스와 문학 워크숍에 참여하기 시작했다. 처음에는 낯설고 두려웠지만, 친절한 동료들과의 교류를 통해 점점 자신감을 얻었다. 나의 작품과 글은 처음에는 미약했지만, 주변 사람들의 응원과 격려가 큰 힘이 되었다. 그들은 나의 작업을 긍정적으로 평가하며 나에게 지속적으로 도전해 나가라고 조언해 주었다.

그 결과, 나는 작은 전시회와 문학 행사에서 나의 작품을 선보일 기회를 얻었다. 그곳에서 만난 사람들은 나의 열정과 친절함을 알아주었고, 나는 나의 꿈을 이루기 위한 더 많은 기회를 발견했다. 직장 생활의 어려움과 사회적 압박 속에서도, 나는 긍정적인 태도와 밝은 성격으로 사람들과의 관계를 잘 유지하며, 나만의 길을 개척해 나갔다.

이러한 경험을 통해 나는 삶의 어려움을 극복하며 꿈을 실현하는 방법을 배우게 되었다. 꿈을 이루기 위한 여정은 쉽지 않았지만, 끊임없는 노력과 긍정적인 태도가 나에게 큰 변화를 가져다주었다. 나의 꿈은 이제 단순한 상상이 아니라, 내가 살아가는 데 있어 중요한 부분이 되었다.

나는 이제 나의 삶을 친절하고 밝은 태도로 살아가며, 꿈과 현실 사이의 경계를 넘는 방법을 배우고 있다. 나의 이야기는 끊임없이 도전하고 극복해 나가는 사람들에게 희망과 용기를 주는 것 같다. 나는 여전히 꿈을 향해 나아가고 있으며, 그 과정에서 만나는 모든 사람들에게 긍정적인 에너지를 전달하고 있다.

❹

판타지와의 조우

꿈 속에서 만난 판타지 세계와
그 세계에서의 모험과 교훈

성인이 되어 사회적 압박과 직장 생활의 반복 속에서 꿈을 잃어버릴 듯한 순간에도, 나는 내 안의 상상력을 잃지 않으려 노력했다. 그러나 현실의 벽에 가로막힌 꿈은 종종 내 마음속 깊은 곳에 잠들어 있었고, 그 꿈을 현실로 만드는 일은 어려워 보였다. 그러던 어느 날 밤, 나는 꿈 속에서 또 다른 세계와 조우하게 되었다. 그것은 내가 어린 시절 꿈꾸었던 판타지 세계였다.

그날 밤, 나는 평소와는 다른 깊고 신비로운 꿈을 꾸었다. 꿈속에서 나는 한낮의 햇볕이 아닌, 별빛이 반짝이는 마법의 숲에 서 있었다. 이곳은 현실과는 전혀 다른 세계였고, 모든 것이 마법과 신비로 가득 차 있었다. 나의 앞에는 신비로운 나무와 화려한 꽃들이 자라고 있었고, 공중에는 말하는 새와 요정들이 날아다니고 있었다.

그곳에서 나는 내가 잘 알고 있던 어린 시절의 상상의 친구를 다시 만났다. 여전히 작은 도깨비 모습으로, 신비로운 숲의 수호자로서 그곳에서 활발히 활동하고 있었다. 나를 보고 반가워하며, 이곳에서의 모험에 함께하자고 초대했다.

우리는 사라진 보물을 찾기 위해 신비로운 지도를 따라나섰고, 오래된 성의 숨겨진 방을 발견했다. 그곳에서 우리는 지혜로운 마법사와의 대화를 통해 오래된 예언을 알게 되었고, 그 예언을 해결하기 위한 여러 가지 도전을 맞이하게 되었다.

과정에서 나의 상상력과 창의력의 중요성을 깨달았다. 또 다른 모험에서는 자신감을 잃고 좌절한 마법사가 도움을 요청했다. 우리는 그를 도와 어려운 문제를 해결하며, 용기와 지혜의 중요성을 배웠다. 모험이 끝나갈 무렵, 이 판타지 세계에서의 경험이 현실에서도 중요한 의미를 갖는다고 말했다. "이곳에서의 모험과 교훈은 단순한 상상이 아니야. 네가 꿈꾸는 세계와 현실은 서로 연결되어 있어. 상상력과 창의력, 용기와 협력은 현실에서도 너를 돕는 중요한 자산이 될 거야.“

그 말을 들으면서 나는 꿈속의 판타지 세계에서 얻은 교훈이 현실에서도 여전히 유효하다는 것을 깨달았다. 꿈에서의 모험은 나에게 새로운 시각과 통찰을 주었고, 현실에서의 어려움을 극복하는 데 필요한 도구를 제공해 주었다. 나는 꿈에서 돌아와 직장 생활과 일상 속에서도 더욱 적극적으로 상상력과 창의력을 발휘하기로 결심했다.

꿈에서의 판타지 세계와의 조우는 나의 내면에 숨겨진 꿈과 열정을 다시 일깨워 주었다. 그 세계에서의 모험을 통해 얻은 교훈은 나의 삶에 큰 영향을 미쳤고, 나는 그 교훈을 현실 속에서도 실천하기 시작했다. 예술과 문학에 대한 열정을 다시 불태우며, 직장 생활과 사회적 책임 속에서도 나만의 길을 걸어나가기로 했다.

순간 순간 꿈과 현실, 판타지와 현실 사이의 경계를 넘나들며 살아가고 있다. 판타지 세계에서의 모험은 나에게 새로운 가능성을 보여주었고, 그 교훈을 통해 나는 더 나은 삶을 살아가려는 노력을 계속하고 있다.

두 번째 경계 넘기

새로운 꿈의 시작

결혼, 가족, 그리고 자아 성장

두 번째 경계를 넘은 후, 내 인생은 새로운 국면을 맞이했다. 성취한 꿈을 통해 얻은 자아 확립은 결혼과 가족이라는 새로운 도전과 맞물려 있었다. 결혼 후, 아픈 아이와 사춘기 딸을 키우는 일은 나에게 또 다른 깊은 변화를 가져다주었다. 이러한 상황 속에서 나는 치유적 글쓰기와 그림책 만들기를 통해 자아 성장의 여정을 이어갔다.

결혼은 나에게 새로운 시작과 함께 많은 책임을 안겨주었다. 사랑하는 사람과 함께하는 삶은 기쁨과 행복을 안겨주었지만, 동시에 서로의 기대와 현실적인 문제들로 인해 어려움도 있었다. 특히, 결혼 후에는 아픈 아이와 사춘기 딸을 돌보는 일상이 시작되었고, 그 과정에서 나의 삶과 꿈에 대한 새로운 관점을 가지게 되었다.

아픈 아이의 건강 문제와 사춘기 딸의 감정 변화는 우리 가족에게 많은 도전이 되었다. 나는 부모로서의 책임감과 역할에 대한 부담을 느끼면서도, 가족의 사랑과 지지를 통해 이 어려운 시기를 헤쳐 나가야 했다. 이러한 상황 속에서 나는 내면의 치유와 자아 성장을 위해 새로운 길을 모색하게 되었다.

가족의 어려움 속에서도, 나는 나의 꿈과 열정을 다시 찾기 위해 치유적 글쓰기와 그림책 만들기를 시작했다. 글쓰기는 나의 내면의 감정을 표현하고 치유하는 방법이 되었고, 그림책 만들기는 나의 상상력과 창의력을 발휘할 수 있는 새로운 방법이 되었다.

치유적 글쓰기는 내 감정과 경험을 기록하고 표현하는 데 큰 도움이 되었다. 나는 일상 속에서 겪는 어려움과 가족에 대한 사랑을 글로 풀어내며, 나의 감정을 정리하고 치유하는 과정을 겪었다. 글쓰기는 나에게 정서적 안정감을 주었고, 내면의 성장을 이끄는 중요한 도구가 되었다.

그림책 만들기는 나의 창의성을 발휘할 수 있는 또 다른 방식이었다. 아이들과 함께 읽을 수 있는 그림책을 만들기로 결심했다. 그 과정에서 상상력과 이야기를 시각적으로 표현하는 데 중점을 두었고, 그림책은 나와 아이들 간의 소중한 소통의 도구가 되었다. 그림책은 우리 가족에게 감동과 위로를 주었고, 아이들은 책 속의 이야기와 그림을 통해 새로운 경험을 하게 되었다.

치유적 글쓰기와 그림책 만들기는 나의 자아 성장에 중요한 역할을 했다. 가족의 어려움 속에서도 꿈과 열정을 지키기 위해 끊임없이 노력했고, 그 과정에서 많은 것을 배웠다. 글쓰기와 그림책 작업은 자기 표현의 기회를 제공하며, 내면을 이해하고 치유하는 데 큰 도움이 되었다.

　가족과 함께하는 일상 속에서도 자아 성장을 이어갔다. 아이들과의 시간, 배우자와의 소통, 그리고 치유적 글쓰기와 그림책 작업을 통해 새로운 삶의 의미를 찾았다. 이 모든 경험은 삶을 더욱 풍요롭게 만들어 주었고, 가족과의 소중한 순간들을 더욱 깊이 이해할 수 있게 되었다.

　결혼과 가족, 그리고 자아 성장의 과정은 나에게 많은 교훈과 성장을 안겨주었다. 가족과 함께하는 일상 속에서도 나의 꿈과 열정을 잃지 않고, 치유적 글쓰기와 그림책 만들기를 통해 나 자신을 더욱 깊이 이해하고 발전시킬 수 있었다. 이러한 경험을 통해 나만의 길을 찾아가며, 가족과 함께하는 삶의 의미를 더욱 깊이 이해하게 되었다.

　내 삶의 이야기는 가족과의 어려움과 도전을 극복하며 자아 성장의 여정을 이어가는 것이며, 이 과정에서 얻은 교훈과 성장을 소중히 여긴다. 앞으로도 나는 가족과 함께하며, 꿈과 열정을 지키며 삶을 살아가고자 한다.

경계에서의 만남

강연자와의 만남, 전문 지식의 습득
1인 기업 설립과 출판사 운영까지

인생의 여러 경계에서 중요한 사람들과의 만남은 나의 진로와 인생의 방향을 크게 변화시켰다. 특히 강연자와의 우연한 만남은 내 삶의 전환점을 가져왔고, 그로 인해 나는 강사로서의 길을 걷기 시작했다.

이 경험은 새로운 기회를 제공했으며, 이후에는 작가와 교수들을 통해 전문 지식을 쌓고, 1인 기업을 설립하여 콘텐츠 개발과 작가 활동을 이어가게 되었다. 이 과정에서 나는 출판사까지 운영하게 되었으며, 내 인생의 경계에서 만난 사람들은 나의 성장과 발전에 큰 영향을 미쳤다.

어느 날, 나는 우연히 참석한 강연에서 강연자와의 만남을 가지게 되었다. 그 강연자는 자신의 경험을 바탕으로 삶의 의미와 진로에 대해 깊이 있는 통찰을 제공했다. 그의 강연을 듣는 동안, 나는 자신의 진로를 고민하며 새로운 가능성을 모색하게 되었다. 강연자의 열정과 통찰력은 나에게 큰 영감을 주었고, 강사로서의 진로를 새롭게 고려하게 되었다.

그 이후, 강사로서의 길을 선택하고, 관련 교육과 경험을 쌓기 시작했다. 강연자의 영향으로 강의와 워크숍을 통해 사람들에게 지식을 전달하고, 그 과정에서 나의 새로운 방향성을 찾을 수 있었다. 이 경험은 나에게 큰 만족감을 주었고, 나의 전문 분야에 대한 이해와 열정을 더욱 깊게 할 수 있는 기회를 제공했다.

강사로서의 진로를 선택한 후, 나는 작가와 교수들로부터 전문 지식을 배우기 시작했다. 다양한 작가들과 학자들과의 만남을 통해 깊이 있는 지식과 통찰을 얻었고, 그들의 경험과 전문성은 나의 진로에 큰 도움이 되었다. 특히, 작가들과의 교류를 통해 콘텐츠 개발과 창의적인 작업의 중요성을 깨달았고, 교수들로부터는 체계적인 지식과 연구 방법론을 배웠다.

이러한 학습 과정은 나의 전문성을 높이고, 강사로서의 역량을 강화하는 데 중요한 역할을 했다. 그들의 가르침을 바탕으로 강의 내용을 더 풍부하고 깊이 있게 구성할 수 있었고, 이는 내 교육 활동의 질을 높이는 데 기여했다.

전문 지식을 바탕으로 강사로서의 경험을 쌓은 후, 나는

1인 기업을 설립하여 콘텐츠 개발에 나섰다. 이 기업은 교육 콘텐츠, 강의 자료, 그리고 다양한 미디어 콘텐츠를 개발하는 데 중점을 두었다. 나는 자신의 강의와 교육 자료를 체계적으로 구성하고, 이를 통해 더 많은 사람에게 유용한 정보를 제공하고자 했다.

　1인 기업의 운영은 나에게 많은 도전과 기회를 제공했다. 콘텐츠 개발 과정에서의 창의적인 작업과 비즈니스 관리, 마케팅 전략 등을 경험하면서 나의 전문성과 역량을 더욱 강화할 수 있었다. 이 과정에서 나만의 브랜드를 구축하고, 다양한 분야에서 활동하며 나의 꿈을 현실로 만들 수 있었다.

　1인 기업을 운영하면서, 자연스럽게 출판사 설립의 꿈을 꾸기 시작했다. 작가로서의 경험과 콘텐츠 개발의 노하우를 바탕으로, 출판사를 설립하여 나의 작품을 출판하고 더 많은 사람에게 전달하고자 했다. 출판사는 나의 창작물과 콘텐츠를 세상에 알릴 수 있는 중요한 플랫폼이 되었고, 이를 통해 나는 새로운 작가로서의 도전에 나섰다.

　출판사 운영은 많은 어려움과 도전을 동반했지만, 나의 열정과 노력으로 이를 극복할 수 있었다. 나는 출판 과정에서의 다양한 역할을 수행하며, 작품의 기획, 편집, 디자인,

마케팅 등 모든 단계를 직접 관리했다. 이 과정에서 나는 많은 교훈을 얻었고, 출판사 운영을 통해 나의 꿈을 실현하는 데 큰 성취감을 느꼈다.

강연자와의 만남은 나의 진로에 큰 변화를 가져왔고, 이후의 학습과 경험을 통해 나는 강사로서, 콘텐츠 개발자로서, 그리고 출판사 운영자로서의 길을 걸어가게 되었다. 전

문 지식을 쌓고, 1인 기업을 설립하며, 출판사까지 운영하는 과정에서 만난 사람들과의 경험은 나의 성장과 발전에 큰 영향을 미쳤다. 이 모든 경험은 나의 인생의 경계를 넘으며 나만의 길을 만들어가는 데 중요한 역할을 했으며, 앞으로도 계속해서 새로운 도전과 기회를 모색하며 나의 꿈을 이루어 나가고자 한다.

❼ 경계 너머의 삶

꿈과 현실의 조화로운 공존

인생의 경계를 넘어서는 여정은 꿈과 현실 사이에서 균형을 찾는 과정이다. 나의 경험을 통해 배우게 된 것은, 꿈과 현실이 조화롭게 공존할 수 있다는 것이다. 이 과정에서 나는 많은 도전과 어려움을 겪었지만, 그 모든 경험이 나에게 중요한 교훈을 주었고, 독자들에게도 전하고 싶은 메시지를 담고 있다.

어린 시절, 나는 예술과 문학에 대한 깊은 꿈을 품고 있었지만, 현실적인 이유로 상업고등학교를 졸업해야 했다. 꿈과 현실 사이의 갈등은 내게 큰 시련이었지만, 그 갈등 속에서도 꿈을 완전히 포기하지 않고 현실에 맞게 조정하며 새로운 길을 모색했다.

강사로서의 진로를 선택하고, 1인 기업을 운영하며 출판사까지 설립한 과정에서도 꿈을 현실로 만드는 일은 쉽지 않았다. 그러나 나는 끊임없이 노력하며 꿈과 현실 사이의 균형을 찾으려 했다.

이러한 과정에서 중요한 것은 꿈과 현실의 조화로운 공존이었다. 꿈을 이루기 위해서는 끊임없는 노력과 열정이 필요하지만, 현실적인 제약과 문제를 인식하고 해결하는 것도 필수적이다. 나는 자신의 꿈을 추구하면서도 현실적인 제약을 이해하고 대처하는 균형 잡힌 접근 방식을 유지했다. 이렇게 꿈과 현실은 충돌하는 것이 아니라 서로를 보완하며 나의 삶을 더욱 의미 있게 만들어 가는 것이다.

꿈을 가지고 도전하라. 꿈은 우리의 삶에 방향성과 의미를 부여한다. 꿈을 갖고 이를 이루기 위해 도전하는 것은 중요하다. 꿈을 추구하는 과정에서 많은 것을 배우고 성장할 수 있다.

현실을 인식하라. 꿈을 이루기 위해서는 현실적인 제약과 문제를 인식하는 것이 필요하다. 이를 해결하기 위해 노력하고 대처하는 것이 중요하다. 꿈과 현실 사이의 균형을 맞추는 것이 성공적인 삶을 만드는 핵심이다.

지속적인 노력을 기울여라. 꿈을 이루기 위한 길은 결코 쉽지 않다. 도전과 어려움이 따르지만, 지속적인 노력과 포기하지 않는 것이 중요하다. 끊임없는 열정이 결국 꿈을 현실로 만들어준다.

자신의 경계를 넘어라. 인생의 경계를 넘는 것은 물리적인 한계를 넘는 것이 아니라, 자신의 생각과 편견, 두려움을 극복하는 것이다. 새로운 가능성과 기회를 향해 나아가는 것이 중요하다. 꿈과 현실의 경계를 넘어서는 과정에서 자신을 발견하고 성장할 수 있다.

조화로운 삶을 추구하라. 꿈과 현실이 조화롭게 공존할 때, 삶은 더욱 풍요롭고 의미 있게 된다. 꿈과 현실이 서로 충돌하지 않고 보완하며 상호작용할 수 있는 방법을 찾아가는 것이 중요하다. 조화로운 삶을 통해 우리는 더 나은 미래를 만들어갈 수 있다.

결국, 인생의 경계를 넘는 여정에서 꿈과 현실의 조화는 우리의 삶을 더욱 풍요롭고 의미 있게 만든다. 꿈과 현실이 조화롭게 공존하는 삶을 살아가며 자신만의 길을 찾아가는 것이 중요하다. 나는 이러한 경험을 통해 얻은 교훈을 독자들과 나누며, 모두가 꿈과 현실 사이에서 균형을 찾아 행복한 삶을 살아가기를 진심으로 바란다.

꿈과 현실이 조화롭게 공존하는 삶 속에서 발견하는 새로운 가능성과 기회는 우리가 상상하는 것보다 훨씬 더 넓고 깊다. 나의 이야기가 여러분의 여정에 작은 영감이 되기를 바라며, 이 책을 마무리한다.

3장

전업주부에서 기업 강사로
성장일지

박선희

어린 시절의 나

호기심 많은 골목대장

"아이고~ 선희 어메요. 우리 영숙이하고
영철이가 또 나갔네. 도대체 선희 가수나는
우쨌길래 동네 아그들을 다 데리고 나갔데요?"

동네 수퍼마켓 이 씨 아주머니가 오늘도 불그락푸르락 화난 얼굴로 우리 집에 왔다. "선희가 어떻게 말했길래, 우리 아이도 옆집 장 씨네 아이들도 꼬셔서 나간거? 선희엄마 몰러?"

이 씨 아주머니나 장 씨네 할매가 집에 들렀다 가는 날은 어김없이 엄마의 회초리와 잔소리가 있었다. 그러나, 며칠 지나면 또 아이들과 쑥 캐러 산으로 들로 다녔다. 어린 선희는 참 씩씩했다. 사교성이 좋아 친구들을 잘 데리고 다녔다.

부산은 6.25전쟁으로 판자촌을 이룬 곳이 많다. 부산시 동구 수정동과 초량동은 산복도로 아래 빽빽하게 들어선 집들과 더 빽빽하게 많은 가족이 사는 동네다.

"영숙아~ 놀~자", "경철아~ 놀~자"

새마을운동 이후 판자촌은 2층집이 되었고 골목마다 아이들이 넘쳤다. 고무줄놀이, 술래잡기, 무궁화꽃이 피었습니다, 비석치기, 딱지치기. 장난감이나 놀이터가 없어도 고무줄 하나 돌멩이 하나 있으면 하루 종일 무리 지어 놀았다.

그 속에 나는 또래들보다 덩치 큰 남동생와 함께 골목대장이었다. 어린 선희는 동네 꼬마들 괴롭히면 대신 싸워주는 왕 언니, 왕 누나였다.

부모님은 일찍 조부모님을 여의고 숟가락 하나 젓가락 하나 갖고 신혼을 시작했다. 어머니는 가난했지만 지혜로웠다. 유명한 일식집 요리사인 아버지가 출근하면 임신한 새댁인 스물세 살 엄마는 종종 마실 갔다.

다방에 앉아 대추차 한 잔 시켜놓고 음악 듣고 오는 것이 엄마의 유일한 사치였다. 없는 살림이었지만 배 속 아이가 잘 크기를 바라는 마음. 어머니의 정성 덕분이었을까? 첫딸아이를 낳았는데 눈이 수정처럼 맑았더란다. 세상 나쁜 것은 모두 막아주고 잘 키우고 싶더란다.

하루는 반찬가게 오 씨 아저씨가 화를 내며 왔다. 이 집 큰 딸이 두부 겉면에 찍힌 별 도장 20모 모두 파먹었더란다. 요즘은 두부를 한 모씩 비닐 포장해서 나오지만, 예전에는 판두부라 해서 한판에 20모 24모씩 나왔다.

하루만 지나도 쉬어버리는 두부. 젊은 엄마는 어이가 없어 웃음이 나왔다. 회초리를 들고 잔소리해도 많은 두부가 사라지지 않았다. 결국, 두부전, 두부찌개, 두부무침으로 동네 두부 잔치를 했더란다. 선희는 유별난 아이로 소문났다.

"엄마 바쁜 거 알제? 너희는 엄마가 없으면 누나가 엄마 대신이다. 누나 말 잘 들어야 한다"

아버지와 함께 일식집을 시작한 엄마는 아이들의 양육을 내게 맡겼다.

8살 남동생과 5살 여동생, 두 동생은 내 몫이었다. 나는 10살 돌봄 선생이었다. 동생들 공부를 가르쳤다. 빨래와 실내화는 내 몫이었다. 가게 잔심부름, 홀서빙도 내 몫이었다.

중학생이 되고 고등학생이 되었다. 동생들에게 나는 엄마 대신 보호자 역할이었고, 가게에서는 일꾼 역할이었다. 엄마가 아버지와 싸운 날은 엄마의 하소연을 듣는 상담사 역할이었다.

어느 순간 나는 엄마의 눈으로 부정적으로 아버지를 보고 있었고, 돌봐야 하는 대상으로 내 동생들을 보았다. 청소년기에 아버지와 사이가 좋을 리 없었다. 마흔 넘어 깨달았다. 장녀는 그렇게 길든다는 것을........

외갓집은 포항 바닷가 어선 몇 척 있는 부유한 집이었다. 하지만, 외할머니가 막내 이모를 낳다 죽은 후 가세는 기울었다. 엄마는 9살에 죽은 외할머니 대신 집안일을 도맡아야 했다.

동네 젖동냥을 해가며 이모를 업어 키웠다. 해뜨기 전 물동이를 지고 물을 길러야 했고 밥 짓고, 빨래하고, 동생들을 돌봐야 했다. 하얀 셔츠에 검은색 교복 입고 학교 가는 친구들을 부러운 눈으로 쳐다봐야 했다.

"선희야. 세상에서 제일 무서운게 뭔지 아나? 가난이다. 가난은 나라님도 못 돌본다. 인생은 진흙탕 개싸움과 같다. 약하면 죽는다. 엄마는 우리 가족 끼니 놓치지 않고 아이들 키우는 게 엄마 목표다.

선희야. 우짜든동 공부 열심히 해서 잘 살아야 한다. 성공하면 누구도 무시 못 한다. 니가 잘 사는 게 효도다. 니 잘 되라고 공부하는 거다. 알겠제?"

학교에서는 적극적이고 발표도 잘하고 리더를 잘하는 아

이가 집에서는 말이 없었다. 할 말이 없었다. 장사가 안되는 날이면 아빠와 엄마는 돈 얘기를 많이 했다. 팍팍한 살림살이였다. 아버지는 술을 잘 마셨고 엄마와 자주 싸웠다. 엄마가 안타까웠고 미안했다.

　엄마가 원하는 아이로 크고 싶었다. 말 잘 듣고 공부 잘하고 동생들 잘 돌보는 믿음직한 큰딸이 되고 싶었다. 철들었다. 애 어른 같다는 말을 자주 들었다. 화나도 눈물이 나도 속상해도 참았다. 엄마를 힘들게 하고 싶지 않았다.

　"동생들 앞에 다 큰 언니가 왜 그러니?" "남들 보기에 뭐라 하겠니? 다 큰 누나가 그런 짓 하면 되겠니?" 어른들의 지적에 호기심 많은 별난 아이는 애어른으로 커갔다. 웃음이 줄었다.

　산으로 들로 뛰어다니며 씩씩하고 호기심 많던 유별난 아이는 철들어갔다. 내면의 목소리, 나다움의 소리는 멈추었다. 인생은 치열한 진흙탕 개 싸움터다!

성인 시절의 나

내일보다 오늘이 낫다

"… 선희가 없으면
나의 20대는 공백이야.
선희는 내게 소중한 사람이야.
경민이를 경민이답게 하는
그런 사람."

남편은 대중가요 가사처럼 커피 맛을 알고 낭만을 찾던 스무살 시절에 만났다. 1980년대 후반 대학 캠퍼스는 최루탄과 데모로 결강이 잦았다. 결강 있는 날이며 컴퓨터동아리 방에서 시간을 보냈다.

푸른색 체크무늬 남방에 공대생다운 헝클어진 머리. 선한 눈매. 남편의 첫인상이었다. 남편과 나는 몇 번 헤어질 위기를 넘기고 남들처럼 가슴 찢어지는 열렬한 연애를 하였다.

나는 졸업 후 조선기자재 회사 무역부에서 일했다. 외국바이어의 전화를 받고 수입과 수출을 진행하는 일을 하였다. 회사다니면서 꾸준히 무역실무와 영어공부를 하였다.

남편은 복학생이었다. 여자친구가 회사 일로 스트레스받는 날이면 소주 한 병에 삼겹살 한 접시로 사회 초년생인 여자친구의 하소연을 들어주었다.

홍콩영화가 유행한 적이 있다. 가슴 절절하게 열애하는 천녀유혼, 의리 있는 보스의 이야기 영웅호걸. 누구나 홍콩영화배우 장국영이나 왕조현 같은 멋진 사람이 내 결혼 대상자가 될 것처럼 꿈꾼다.

결혼은 어느 날 갑자기 나타난 백마 탄 왕자나 TV 드라마에 나오는 것처럼 돈 많고 성격 좋은 완벽한 남자와 하는 것이 아니다. 이 사람이면 진흙탕 같은 세상 함께 견뎌줄 수 있겠다. 무슨 일이 있어도 내 편이 되겠다 싶은 마음 10점 만점에 7점이면 선택하는 것이 결혼이다.

IMF로 나라가 힘든 시기였다. 남편과 나는 적금을 모아 결혼을 준비했다. 남편의 회사가 있는 창원에서 신혼을 시작했다. 예약했던 온누리여행사가 부도났다. 예약했던 호주 대신, 제주도로 신혼여행 갔다.

신혼생활은 대기업 다니는 남편과 작은 사원아파트에서 시작했다. 사원아파트에는 남편 출근하고 동네 지인들과 우아하게 커피 마시며 수다하다 남편 퇴근 시간에 맞추어 저녁 식사 준비하고 하루해를 보내는 홈웨어 차림의 새댁이 많았다.

결혼 후에도 일을 계속하고 싶었다. 경력 단절로 그대로 주저앉을 것 같아 두려웠다. 그럭저럭 살고 싶지 않았다. 부산을 떠나 낯선 타지 창원에서 일을 구하였다. 결혼 전 했던 무역 일과 영어강사 일을 구했다. 기혼보다 미혼을 선호했다.

나는 무엇을 좋아하고 잘 하나?
무엇을 할 때 행복한가?
무엇할 때가 싫어하고 힘들어했나?

무엇이든 하고 싶었다. 노트에 적었다.

말하기와 글쓰기를 좋아했다. 어릴 때부터 글 잘 쓴다는 얘기를 많이 들었다. 문예반 활동하며 학교 대표로 상도 받았다. 계산해서 금액을 맞추는 것, 반복적인 것은 싫어했다.

개금에 있는 동서대학교 평생교육원 문예 창작 클래스를 등록했다. 창원 마을버스와 시외버스, 시내버스, 다시 부산 마을버스. 오가는데 3시간 30분. 2시간 수업 참여했다. 대부분 40대 50대 중년이 많았다. 내가 가장 어린 나이였다.

수필을 배우면서 새롭게 보는 눈, 다시 재구성하는 방법

등 문예 창작의 기초를 배웠다. 글쓰기는 누구의 엄마, 누구의 아내가 아닌 오롯이 나 자신일 수 있었다. 새로운 것을 배우는 즐거움이었다.

> 결혼 하기 전에는 두 눈을 크게 뜨고
> 결혼 후 한쪽 눈을 감아라 -토마스 풀러-

정말 지혜로운 명언이다. 연애 8년 지내는 것보다 결혼 8일 지나면 상대를 더 잘 알게 된다. 두 아이 독박 육아로 좌충우돌하며 전업주부로 살았다. 가슴 밑바닥에는 늘 뜨거운 불씨가 있었다. 대충 살면 안 된다. 그럭저럭 살고 싶지 않다.

아이 잘 키우고 싶고, 남편 뒷바라지도 잘하고 싶고, 자기 계발도 하고 싶었다. 맞벌이로 일하면서 아이도 잘 키우고 싶은 양가감정이 하루에도 몇 번씩 널뛰기했다.

사람은 누구나 조언을 구한다. 가족에게, 친구에게, 멘토에게, 이웃 사람에게조차 조언을 구한다. 누구를 만나는지 누구에게 어떤 조언을 듣는가에 따라 인생은 바뀐다.

조언은 누구나 해줄 수 있다. 불확실한 선택, 불확실한 결과 때문에 우리는 책임지고 싶어 하지 않는다. 누군가의 조언과 함께 그 사람에게 책임을 지게 한다. 왜냐하면 사람은 누구에게 탓을 하고 싶기 때문이다.

사회에 첫발을 내딛는 경력 단절 여성이나 구직 청년들은 조심스럽다. 새로운 도전에 망설인다. 여러 번 시행착오를 거친다. 조언을 선택하고 책임지는 것은 오로지 자신의 몫이라는 진실을 마주하는 그 순간, 성장은 시작한다.

달리기와 마라톤으로 건강을 되찾은 후, 창원대학교에서 방과후교사, 영어 지도사 과정을 배울 때였다. 평생교육원 알림판에 공고가 붙었다.
"외국어학원 파트타임 영어 강사 구인 3타임 45만 원."

3회 45만 원. 두 아이 방과 후 보육비 25만원 과 오가는 차비 15만 원 빼면 5만 원 남는다. 화장품 2개 사면 남는 것이 없다. 주위에 조언을 구했다. 남편, 부모님, 친구, 지인들 10명 중 9명은 하지 말라고 했다. 무엇이 부족하냐 왜 굳이 어린 아이들을 두고 일하려 하느냐. 남는 월급도 아닌데 왜 고생하려 하느냐. 특히, 남편의 반대는 심했다.

"아이들 초등학교 들어가면 시작해. 왜 굳이 지금 하려는 거야? 무엇이 부족해?" 아이들 잠자는 모습을 보니 더 망설였다. 할까 하지 말까?

단 한 명, 친정어머니는 일하라고 권했다.

"선희야. 살아보니 인생 짧더라. 하고 싶으면 해라. 내년
보다 올해가 낫고 내일보다 오늘이 낫다. 일을 계속하다 정
말 힘들면 그만두면 된다. 안 해서 후회하는 것 보다 하고
후회하는 게 낫다. 시간이 해결한다. 아이들은 큰다. 부모가
열심히 사는 뒷모습 보며 큰다."

일을 시작하면서 생기가 돌았다. 사회생활을 하면서 산후
우울증도 없어지고, 몸도 건강해졌다. 무엇보다 아이들이
건강하게 잘 커 주었다. 만약 그때 일을 시작하지 않았다면
지금의 나는 없을 것이다.

도전해야 하는 선택의 기로에 섰을 때 누군가가 나를 응
원해 줄 단 한 명이 있는가?

내년보다 올해, 내일보다 오늘이 낫다.
기회는 두드려야 열린다.

③ 미래의 나

가볍게, 자유롭게, 걸림 없이

"날마다 좋은 날 되시길 기원합니다"

내가 쓴 책을 선물할 때 맨 앞장에 적는 글이다.

불교에서 서로 하는 인사말이다 "날마다 좋은 날". 50대가 되니 날마다 좋은 날이다.

참 신기하다. 쓰면 이루어진다. 매일 글 썼다. 답답한 현실을 쓰고 하고 싶은 꿈도 쓰고 매일 일기 썼다.

"아이들 잘 키우면서 한 달에 100만 원 버는 선희다"

오랜만에 꺼낸 검정 스커트와 하얀 블라우스를 입고 어색하게 영어학원 문손잡이를 잡던 순간이 기억난다. 차가운 손잡이를 잡고 잠시 큰 호흡을 내쉬었다. "이 문을 열면 다른 세계가 열릴 거야. 괜찮아. 넌 충분해. 충분히 해낼 거야. 해봐. 선희야."

30대 40대는 앞만 보고 달려왔다. 학원 파트 일을 시작으로 꾸준히 도전했다. 하루 5시간 잤다. 새벽 4시 30분에 일어나 집안일하고 아침 운동하고 아이들과 남편 뒷바라지하고 일하였다. 야간에 교육학전공 대학원을 다녔다. 마라톤하면서 짬짬이 여러 자격증을 땄다.

내 가족, 나의 일, 나의 공부. 할 일이 많았다. 1분도 아까운 시간이었다. 외국어학원 강사로, 카네기 리더십 강사로, 직업상담사로, 기업 강사로, 컨설턴트로, 이제 대표로 꾸준히 발전하고 있다. 한국평생교육사협회의 일도 하고 경남여성가족재단의 아카데미 강사로 활동하고 있다.

경남 사회적경제 혁신타운 사무실에 입주하려면 사업계획서를 작성해야 한다. 며칠에 걸쳐서 1년 후, 3년 후, 5년 후 사업계획을 썼다. "교육과 컨설팅을 통하여 기업과 개인의 변화를 돕고 함께 성장한다." 1인 기업가로 거창한 비전을 세웠다.

1인 기업가로 혼자 일하면 한계가 있다. 1인기업은 많은 파트너와 함께 협업하고 비즈니스를 함께 해 나가는 일이다. 실무를 함께 할 직원도 고용해서 나라에서 필요한 일자리를 창출하고 후배 양성에도 힘을 쓰려고 한다. 진정한 나를 알고 더 나은 내가 되려는 사람들 가슴에 변화의 씨앗을 나누는 사람이 되고자 한다.

미래의 나는 자유인이 된다. 시간적 경제적 자유를 포함한 인생의 많은 부분에서 자유를 이룬다. 내 목표는 나이 60까지만 열심히 재미있게 일하는 것이다.

60세 이후에는 돈을 벌기 위해 일하지 않고 나의 재능이 필요한 사람들에게 나누어 주면서 여유롭고 풍요로운 인생을 살 것이다.

우리는 더 나은 미래가 있고 꿈을 꿀 수 있기에 힘든 시간을 견딘다. 오늘의 해가 있는 것처럼, 내일의 해가 뜬다. "날마다 좋은 날"이 모여 좋은 인연과 좋은 인생이 된다는 믿음으로 오늘도 힘차게 시작한다.

도전과 성취의 경험

강사, 컨설턴트, 작가

10년 전 5년 전의 내 주위의 사람들과 지금 내 주위의 사람들은 많이 바뀌었다. 기업강의를 하고 기업 컨설팅을 한다. 작년 공정 채용 컨설팅에 이어 올해는 NCS 기업컨설 팅과 ESG 경영 컨설팅을 한다. 산업인력공단과 고용노동부 의 지원사업이다.

해마다 새로운 이력으로 네이버 인물 등록을 수정할 때 가슴 설렌다. 새로운 일을 할수록 대단한 분들을 만난다. 물론, 기회가 주어져도 나의 역량이 부족해서 못 하는 경우가 있다. 시간과 열정만으로 부족하다고 느낄 때 벽에 부딪히는 느낌이다. 그래도 도전하는 내가 좋다.

"하늘은 스스로 돕는 자를 돕는다."

절대 공감한다. 10년 전 카네기리더십 강사를 같이 했던 강사들 중 아직 활동하는 강사는 나 하나다.

"강한 자가 살아남는 것이 아니라 살아남는 자가 강하다. 변화하는 자가 강하다." 급변하는 세상, 유연함이 필수다.

참 신기하다. 무언가를 하려고 하면 내 주위 사람 또는 건너서 아는 사람이 도와준다. 5년 후의 나는 어떤 도전을 하고 있을지 기대된다. 오늘도 스스로 주문을 건다.

"선희야. 지금 너는 충분하니?"

⑤   가장 힘들었던 시간과 행복했던 시간

이별 그리고 일상의 감사

"덕분에 감사합니다. "

"오늘 함께 해서 감사합니다"

한 달에 한 번 호스피스 병동에 봉사하러 간다. 호스피스 봉사를 할 때 건네는 인사말이다. "다음에 또 올게요."" 건강하세요." 인사말은 금기어다. 봉사자가 다음에 올 때까지 기다리다 먼저 떠나기 때문이다. 한 달 뒤 빈 침대를 보았을 때 먹먹함이란……

우리는 "다음에" "언젠가는" 자주 말한다. 우리는 100년 살 것처럼 산다. 가족도, 일도, 사업도 늘 잘될 것 같다. 하지만, 함께 하는 인연의 촛불이 다할 때 우리는 절망한다.
"산다는게 뭐지? 나는 잘살고 있는 걸까? 제대로 사는 걸
까?" 허무함이 다가온다.

"언니, 웃으면서 걸어가는 저 사람들 정말 행복해서 웃는
걸까? 웃어야 하니까 웃는 건 아닐까? 웃으면 견뎌지니까.
시비 거는 사람 없으니까 묻어가는 건 아닐까?"

"……"

새벽 일찍 일어나 두 아이 챙겨서 초등학교 유치원 보냈
다. 밤새워 쓰던 대학원 과제를 미루고 정신없이 달려왔다.
오후 영어학원 근무시간에 맞춰 가려면 여동생과 점심을 얼
른 먹어야 한다.

신경정신과에 함께 가서 상담받고 약 받고 데려다주고 다
시 창원으로 넘어가야 한다. 내 머릿속은 오늘 하루 스케줄
로 복잡하다. 여동생은 먹고 싶다는 돈가스를 사주었더니
반도 안 먹고 창밖을 보더니 혼자 중얼거린다.

"행복하니까 웃겠지." 내 말투가 건조하다.

"언니, 나랑 병원 가는 거 귀찮지? 창원에서 부산까지 오
는 것도 나와 얘기하는 것도 귀찮은 거야. 언니는 언니밖에
몰라."

'…… 또 시작이다.'

내 말에 가시가 돋는다. 서로 언쟁이 높다. 기분 좋게 식사하러 가서 사소한 말에 마음이 상했다. 여동생도 나도 서로에게 상처를 주었다. 나는 일터로 향했다. 눈물이 난다. 끝이 보이지 않는 긴 터널을 건너는 기분이다.

운전해서 창원 터널을 넘어오면 간과 쓸개, 눈물을 두고 일터로 온다. 두 아이를 초등학교에, 어린이집에 맡기고 남편의 반대에도 무릅쓰고 구한 일자리다. 남편은 언제든 힘들면 그만두라 한다.

집안일로 내 일을 망치고 싶지 않았다. 지금 주저앉으면 직장 생활을 못 할 것 같다. 내가 좀 덜 자고 더 움직이면 된다. 더 노력하면 된다. 하면 된다.

"핼로우 에브리원~"
하이톤으로 미소 지으며 반갑게 학생들을 맞는다.

6시간 강의를 마쳤다. 집으로 들어가기 전, 차 안에서 15분 눈을 붙였다. 잠시 쉼으로도 훨씬 개운하다. 차는 나만의 공간이며 충전소다. 내 아이들에게 남편에게 일터의 피곤함을 전염시킬 수 없다.

에너지관리, 체력 관리해야 가족도 행복하다. 내 몸 상태가 좋아야 가족에게 좋은 에너지를 줄 수 있다.

"정원아~ 지원아~ 엄마 왔다."

아이들에게 활기찬 엄마. 건강한 엄마이고 싶었다.

여동생은 한밤중에도 새벽에도 전화했다.

"언니. 세상에 하나밖에 없는 우리 언니. 언니야. 내가 언니 좋아하는 거 알제?"

오늘은 조증인가?

자다 깨서 받고 여동생의 하소연을 듣다가 졸다가 휴대폰을 떨어뜨리기도 했다.

"니가 무슨 일로 몹쓸 병에 걸렸노? 정신 차려라. 아직 젊은데 니 마음 하나 잘 먹으면 되제. 아들 봐서라도 정신 차려야한다." 칠순 아버지는 화내기도 하고 달래기도 하며 여동생을 왠수라고 했다.

돈 버느라 바쁜 엄마와 남동생도 지쳤다. 나이 많은 부모님 대신 여동생을 데리고 병원 방문했고 이야기를 들어주었다. 가족 모두 상처받고 지쳐 있었다. 남편의 외도로 상처받고 이혼한 여동생이었다. 우울증은 깊어만 갔다.

벚꽃 날리는 4월 눈이 시리게 꽃비가 아름답게 내리는 날이었다. 꽃다운 나이에 여동생이 떠났다. 일 마치고 헐레벌떡 삼각김밥 먹으며 대학원 수업 가는 길이었다. 빗속에 늦은 출발이라 서둘러 운전해서 가다가 소식을 들었다. 차를 갓길에 세웠다. 순간 멍했다. 시간은 멈추었다.

　꺼이꺼이 울다 쓰러졌다. 넋 놓고 있다가 또 울었다. 장례식은 빨리 진행했다. 가족들 모두 산에 뿌리자 했다. 하지만, 남편과 나는 어린 조카를 위해 추모 공원에 남기자 했다. 아이가 크면 엄마가 그리울 것이다. 비용은 우리가 댈 테니 뿌리지 말자 했다.
　우리 가족은 해마다 조카를 데리고 여동생을 보러 갔다. 보조 사다리를 놓아야 사다리를 올라가서 하얀 국화꽃을 꽂을 수 있던 어린 조카. 이제 늠름한 군인이 되어 제 어미 자리에 소주 한잔 건넨다. 사진 속 여동생은 젊은 날 모습 그대로 환하게 웃고 있었다.

　"아이고. 내 새끼. 불쌍한 우리 막둥이" 부모님은 10년 지나 처음으로 여동생을 보러 추모 공원에 갔다. 자식은 가슴에 묻는다고 했던가. 엄마는 뜨거운 눈물을 흘렸다.

　"고맙다. 니가 언니 노릇 다 했다. 나는 장사한다고 오직 돈 버느라고 신경 쓸 여유가 없었다. 니가 병원 데리고 다니고 아그도 챙기느라 고생했다. 사실, 인자사 하는 말이지만, 그때 뿌렸으면 우쨌겠노. 내 가슴에 한이 됐을끼다."
　두 눈 가득 눈물 글썽이며 나의 두 손을 잡는 어머니다.

아버지는 먼 산만 하염없이 쳐다보았다.

   조카를 거두어 준 부모님 죄송하고 감사하다. 나는 조카를 키우겠다고 선뜻 말하지 못한 미안함이 늘 있다. 여동생 누울 자리 마련해 준 남편이 고맙다.

   시간이 약이라 했던가?
   여동생이 떠난 후 내 삶은 변하였다. 삼각김밥 먹으며 급하게 달리지 않는다. 터널 지나며 간과 쓸개, 눈물 두고 일하던 학원은 정리했다.

   프리랜서로 일하기 시작했다. 내가 하고 싶은 강의와 코칭으로 일을 바꾸었다. 돈은 덜 벌어도 눈은 더 보았다. 정원이와 지원이의 눈동자를 들여다 보며 이야기 듣기 시작했다.

   아이들이 학교와 유치원 마치고 돌아오면 마을도서관에서 책을 보았다. 내가 코칭이나 강의가 있는 날은 도서관 사서 선생님이 아이들에게 책 읽은 권수만큼 스티커를 붙여주었다. 아이들은 졸다가도 가방 싸서 나오면 좋아했다. 도서관 앞 놀이터로 신나게 갔다. 세 모녀가 매일 놀이터에서 놀았다. 학원 갔다 오는 동네 아이들이 하나둘 모여들기 시작했다.

술래잡기, 모래놀이, 무궁화 꽃이 피었습니다, 오징어게임. 아이들이 처음 해보는 골목 놀이였다. 나는 골목대장이 되어 동네 아이들에게 술래를 정하고 노는 방법을 가르쳐 주었다.

해질 때쯤 아이들이 땀에 젖어 놀 때 슈퍼마켓에서 "더위사냥" 얼음 빙과를 사 왔다. 정원이와 지원이는 더위사냥을 뚝 잘라 동네 아이들과 나누어 먹었다. 단돈 5천 원이면 동네 아이들이 즐겁다.

"수철아. 내일 또 놀자."
"엉. 정원아, 학원 갔다 올게."
"아줌마. 내일도 올 거예요?"
"정원이 이모 내일도 와요."
종알종알 아이들의 수다에 기분 좋게 집으로 왔다.

주위를 돌아보며 감사하며 살려고 노력한다. 바쁜 사람이 봉사할 시간이 있느냐고 지인들이 내게 묻는다. 바쁠수록 꼭 가야 할 곳이 있다. 생의 마지막을 살아내는 환우분과 봉사자를 만나면 진정한 성공을 안다. 지금 내가 일하고 나누며 살아야 할 이유를 안다.

영락공원 화장장 담당자가 여동생을 화장하였다. 유리창 넘어 오열하는 가족 사이로 200ml 우유 팩 두 개 크기 나무통에 여동생의 유골을 무심하게 쓸어 담던 모습이 떠오른다. "인생은 200ml 우유 팩 두 개 남는구나".

나는 인생을 두 배로 산다. 여동생의 못다 한 나이 듦과 나의 나이 듦. 육십, 칠십, 팔십은 더욱 기대된다. 사람은 언제 어디서 어떻게 죽을지 모른다. 아침에 눈을 뜨면 그저 감사하다. 오늘 하루 또 살 수 있어 감사하다.

삶은 찬란하고 귀하다.

⑥ 　　　 **내가 배운 인생의 교훈들**

유답과 여행티켓

오늘도 즐겁고 기대되는 하루야 😊

나는 운이 좋은 사람이야

나는 지금 내게 주어진 것만으로도
내 인생을 최고로 만들 수 있는 지혜가 있어

나에게 주어진 모든 것에 감사해

　가까운 지인이 만들어 준 자석 카드다. 아파트 현관문 눈
높이에 있어서 아침마다 크게 읽고 나온다.

　오늘도 즐겁고 기대되는 하루!
　정말로 나는 참 운이 좋다.

　"선한 희망의 강사 박선희입니다"
　강의 때마다 전하는 인사말이다. 누구나 가슴 속에 씨앗
이 있다. 이미 싹이 터 꽃을 피우고 열매를 맺는 사람이 있
다. 아직 싹을 틔우지 못하고 웅크리고 있는 사람이 있다.

강의는 가슴 속 씨앗을 톡톡 두드리는 넛지(nudge)다. 어미 코끼리는 새끼 코끼리가 잘 걸어가는지 지켜본다. 망설이는 새끼의 몸을 톡톡 두드린다. 때로는 세차게 밀친다. 새끼는 다시 제 갈 길을 간다. 씨앗은 스스로 싹을 틔울 때 경이롭다.

사람이 변화해 갈 때 희열을 느낀다. 학습자들과 소통하고 변화하며 그들의 성장을 끌어낼 때 보람을 느낀다.

[교육과 컨설팅을 통하여
기업과 개인의 변화를 돕고 함께 성장합니다.]

더원의 사명이고 비전이다. 사람의 변화와 성장 돕기를 즐기는 강사! 사람의 싹을 틔우고 성장하게 돕는 변화는 내 삶의 희망이다.

나는 무엇을 좋아하고 잘 하나?
나는 무엇 할 때 행복한가?
나는 무엇 할 때 싫어하고 힘들어했나?

전업주부로 가슴 속 씨앗을 어떻게 싹 틔울지 모를 때, 노트에 적은 세 줄이 지금의 나를 만든 코칭 질문이다.

질문해 보라. 당신 안에 답이 있다. 유답.

세상에 공짜는 없다. 내 안의 답을 믿고, 스스로 해 나아갈 때 세상은 원하는 것을 준다.

"나는 지금 충분하다."

⌘ 4장 ⌘

나를 위한 나를 표현

김철

1. 그림 I (삶의 여정 찾아가기)

물수제비를 뜨듯 삶을 땅 수제비에 비유해 본 적이 있다. 그래서 태어나면서부터 땅 수제비의 연속선상에 있는 자아를 표현해 보았다.

마치 정체를 모르는 원석을 연마하여 보석으로 만드는 나를 위한 장인처럼 말이다. 이 말은 곧 개인적으로 궁핍하게 살아왔다는 이야기도 된다.

초등학교 입학하는 겨울바람 차갑던 날에 이웃 어른들은
"너네, 아버지 돌아가셨단다."
"가봐라."
하는 데도 믿기지 않아서 그냥 놀다가 큰어머니 품에 안겨 눈물 콧물 흘리며 설움이라는 표현을 처음 해 보았던 적이 있다.

그렇게 그해 겨울은 더할 수 없는 찬 기운을 품은 얼음장 같이 우리 가족 삶의 여정을 풀었다.

징검다리[1]

나무 위 가지 하나 외로움은
단숨에 건너거라.
아버지처럼

망설임이
숱하게 드러날수록
한 돌 내려놓고
순간순간 잊고 건너거라.

노아의 방주를
물 위로 올려놓은 큰비라도
망설임 없이 잊고 건너거라.
어머니처럼

오늘은
첫 번째
두 번째도 아닌,
세 번째 비둘기처럼 나아가라.

---

[1] 함안 문학 33호 수록

2. 내게 가장 편한 곳 찾아가기

현재 가장 있고 싶은
곳이 어느 곳인가요?
그곳에서 무엇을 하고
싶은가요?

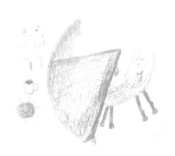

  조금의 여유가 주어진다면 누리고 싶은 햇볕이 잘 드는 테라스에서 책을 읽고, 글을 쓰고, 쉼이 필요하면 뒤로 누우면 되는 침대가 되는 의자에 앉아 쉼을 갖고 있을 곳이다. 처음 커피를 마시던 때가 떠오른다.

  23살 무렵 같다. 친구가 주는 커피믹스 한 잔을 받아 마시고는 심장이 벌름거리던 시절의 추억을 다시금 소환하거나, 〈여수 밤바다〉 같은 애잔하고 발라드 한 노래를 들으며 멍을 때리기도, 1990년 중 후반 서울특별시 성북구 석관동 반지하에서 자취하던 시설 수해로 한 번의 생명의 고비를 추억하며 그 이전의 모든 기록물의 소실을 아쉬워하며 더 열심히 기록을 남기고 있을 것이다.

말이산 고분2)

말이산 고분에 오르면
한 발짝 담그려 생각 말고,
모든 슬픔 아 사° 줄 바다 같은 고분에
내려놓아라. 서둘러

다시 어떤 괴로움으로
하늘 가까운 곳에 이르거든,
두 발 모두 받아주는
너른 잔디 위로 서슴없이 내려와
꼭 말이산 고분을 보라.

모든 것 아사 주는
말이산 고분 안으로
이런 괴로움은 무시로 털어버리고,
잰걸음으로 밟아 가시라.
다시는함안에서
슬픔이든 괴로움은 묻지 말아라.

아 사° 줄 : 아사 주다(물건 등을 옮길 때 가까이 있는 상대방에게 전달해 주는
행위를 일컫는 경상도 사투리)

―――――――――――――――――――
2) 함안 문학 시화전 수록

3. 가장 기억에 남는 어린 시절 찾아가기

　유난히 저를 잘 챙겨주셨다는 아버지에 대한 기억이다. 한번은 그림에서처럼 저수지 한 모퉁이에서 아버지와 단둘이 앉아 낚시하던 기억이 간혹 꿈에 나타날 만큼 선명하다. 그 기억은 딱 그 정도만 기억이 있을 뿐이다.

　그리움은 선택이 아니라 시작이다. 잊혀가는 아버지에 대한 기록이 된다. 교회 새벽 종 지기셨던 아버지는 남다른 책임감이 강하셨던 것으로 기억된다. 한 번은 멀리 있는 길을 떠나시면서 당신이 새벽종을 칠 수 없는 상황이 되어 어머니께 대신 새벽종을 쳐주실 것을 부탁하셨나 보다.

　그러나 그날 새벽 종소리는 교회 타종 소리가 아니라, 아버지 어머니 부부싸움 소리로 변해서 쩌렁쩌렁 울렸던 기억이 잠결에도 선명했다. 깊은 잠에 빠지신 어머니가 새벽종을 타종하지 못하신 것이다. 그때 부부싸움은 칼로 물 베기라는 실감을 하게 되었다.

그리운 아버지[3]

아버지, 그리고 우리에게
어제랄게 있나요?
그래서
저희 서두르지 않을게요.
지나온 어제와 오늘은 버무리고
사랑과 용서로
내일은 소환할까요?

오늘은 둘째 이모부 생신이셨어요.
그리고 환갑이기도 했지요.
어제도 오늘도 소식 없는
소환은 계속해야 할까요?

단지 무엇이랄까요. 이 넋두리,
어린 세월 그리고 또 어린 세월
돌아갈 수 없는 길이
더 아쉬움을 갖게 하는 것은
참으로 어린 애 앞으로

---

[3] 함안 문학 33호 수록

다시금 어린 세월을 가시려나요?
굳이 가시려거든 맘 편히 가세요.
그리운 아버지는 버거워요.

한 다스 연필통에
열두 자루 몽당연필과 지우개는
옛날이잖아요.
Esc 누르고
Ctrl c하고 Ctrl v 할래요.

그리운 아버지는 버퍼링도 없네요.

4. 상징과 내 가족이 끼친
내게 향한 영향력

난 항상 십자가를 중심으로
움직이고 살아왔던 것 같다.
평생을 질경이처럼 살아오신
어머니를 비롯하여 일찍
세상을 알아버린 위로 형과
누나, 동생들은 세상의 힘겨운

터널을 지나기가 많이 힘이 들었다. 지금도 그 여운이 곳곳에서 욱신거린다.

명절 등에 가족끼리 모이게 되면 앉아서 이런저런 이야기를 나누다 소위 비빌 언덕 이야기를 하게 되는 경우가 종종 생기곤 했다. 그러나 나는 그 언덕을 만드는 것은 다름 아닌 나로부터 만들어져야 견고하고 지켜나갈 수 있는 비전이 된다고 생각하게 된 지 오래다.

그래서 혹시라도 형제들 간에 그런 말이 나오면 다시금 부모가 없이 살수도 풍족하게 사실 수도 있는 문제의 언덕은 의미가 없다. 라는 말을 하곤 한다. 지금을 빌미로 주저앉은 것은 바로 나라는 현재이다. 그것을 일으키고 일으키지 않고는 바로 나라고 말합니다.

친구

너에게 바래다준 세상은
간밤에 단꿈처럼 자꾸 생생해.
내 소중한 자리에 네 생각이 들어와서 산다는 건
꿈속에선 절대 있을 수 없는 일 같아서
이보다 소중할 수 있을까.

입가에 미소 한가득 지어지는 거야.
나쁜 행동 습관은 이유 없이 배웅하고,
달달 하고도 짭짤한 간이든 사랑을 하자.

너에게로 가는 중이 아니라
이미 닿아서 깊이 물든 우린
좋은 행동 습관만 마중하며 사랑하자.

5. 나의 감정표현 언어 찾아가기

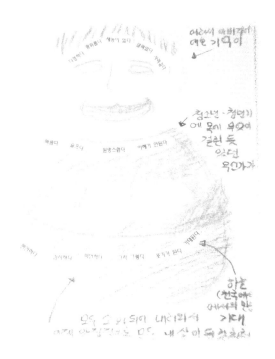

    오뚝이같이 일어서는 나라는 현재를 바라보면서 스스로 격려한다. 어려서 아버지에 대한 기억의 언어에서부터다. 유독 주변 분들은 "연수 간다"라고 뒷말을 하시곤 했다. 느린 말투며 걷는 걸음이며 자기 아버지를 닮았다고 하시면서 말이다. 그래서 조금 커가면서는 말을 할 때마다 좀 신경 써서 빨리하려는 습관을 위해 노력했던 기억이 있다.

유·청소년기에는 목에 무언가 걸린 듯 힘들었던 감정으로부터이다. 시설 풍경으로 여름이 되면 교회에서 여름 성경학교를 진행하게 되면 도시 대학교 형 누나들이 농 할도 오고 성경학교 교사로 와서 봉사하고 가곤 했다.

그런 경험 중에 위로 형이 아버지 소천 이후에 중학교만 마치고 가족의 생계를 위해 돈을 벌러 상경한 경우였다. 그 때 여름 성경학교 봉사를 온 대학생 형이 친형과 너무 닮아서 서울로 돈 벌러 간다더니 명절이든 뭐든 코빼기도 안 비치던 그리움이 그 형을 통해 전이되어 가고 난 그 형의 뒷모습을 보며 울었던 기억이 있다.

지금은 모두 소화되어 배설되고, 안정적으로 모두 내 살이 되어버린 것처럼 세상은 다가온다. 그리고 맑은 하늘에 다시 구름이 생기듯 수시로 생기는 현상을 다시 섭취하고 소화해 내려고 노력한다.

베드로와 같이[4]

너와 있을 때
권태롭다면
너를 알아주라는
영혼의 신호일까.
너를 사랑하라는
마음의 끌림일까.
선장 되신 예수께서
좀 더 깊은 곳으로
던지라 하실까.

아 깊다.
하늘 아래 세상은

[4] 함안 문학 33호 수록

6. 이어 그리기로 보는 관계 형성 표현하기

　나로부터 시작한 그림을 주변의 동료들이 완성해주는 활동을 통해 흡수되는 관계와 배출하는 관계를 엿볼 수 있는 활동이다.

　대지 위로 핀 붉은 꽃 한 송이는 외롭다는 생각이 들었다. 그러나 나비와 그늘막 같은 구름, 분수 같은 스프링클러, 꽃 사이로 돋아난 잔디며, 무지개까지 선물 받은 행복을 느끼게 한다. 주변 동료들로부터 받을 수 있는 관심과 자칫 서로 배려하듯 진행될 수도 있는 아쉬움은 있다. 그렇지만 낮 동안의 햇볕이 싫어지지 않을 이유처럼 좋은 활동이다.

오래된 친구5)

애인 같습니다.
가방도 들어주고 업어도 주고
나란히 걸어갑니다.
나란히 옆에 앉아
지나간 오랜 이야기를 나누다
헤어졌습니다.
전화가 왔습니다.
사정이 있어서 받질 못했습니다.
사정이 없어지고
전화했습니다.
문자서비스도 했습니다.
명절에 시골집으로 찾아도 갔습니다.
만나지 못했습니다.
지금까지도 소식이 없습니다.
나란히 걸어가는
꿈을 꾸었습니다.
오랜만에 카톡에
애인 같던 친구의 이름이 올라왔습니다.
폭풍 같은 시간이
지나갔습니다.

_____

5) 함안 문학 33호 수록

7. 페르소나 I (외적인 나)로
들여다보는 나

눈으로 보는 모든 것은
각양각색이지만, 그 사실을
표현하는 것은 마음이다.
감정이다. 그래서 눈으로
들어오는 것은 꼭두각시처럼
현실에 있거나 저장해 둔다.

그렇기에 눈을 가장 소중하게 표현하려고 했다. '우리 몸이 일천 냥이면 눈은 구백 냥'이라는 말이 있지 않던가!

입은 얼굴에서 가장 강하게 행위 하는 부분이기에 황금색으로 하고 싶었다. 그 나온 말이 독이 아니라 약이었으면 해서 보라색으로 표현해 보았다. 볼은 적당한 부끄러움은 부정을 깨우는 힘이 된다고 생각하기에 연지를 찍었다.

콧등의 선은 중심 있게 나아가라는 의지의 표상으로 표현했다. 전체적인 얼굴색은 근원적인 인간으로서의 본연의 색으로 돌아가는 흙색으로 표현해 보았다.

장마[6]

하늘 안에
비만 사는지
온종일
그이만 내린다.

6) 함안 문학 33호 수록

8. 먹물 난화 (무의식 점검하기)

순리라는 말을 생각해 봅니다.

이치에 맞는 것, 맑음과 탁함이 함께 있는 것. 햇빛을 색으로 표현하면 무지개색으로 표현되고 시인도 마찬가지로 하나로 보면 시인인데, 나뉘면 의미가 없거나 볼품없는 어떤 것 일밖에 없는 그래서 자연스러움이 순리입니다.

선이 없는 것, 구분하려 들지 않는 인위적이지 않다. 혼탁하지 않다. 자연 그대로 그러나 질서가 있는(원초적인) 가미되지 않은 처음 탄생 그대로의 것, 보이는 대로 내가 나인 것으로의 순리를 말한다. 이를 간직하며 살아간다는 것은 신의 선물이 아닐까 싶다. 그렇기에 실수일 것처럼 순리대로 살아가는 것을 기도한다.

이해[7]

속삭이는 그대의 말을 이해했을까요?
그대와 걷는 중
한 아름 피어 흔들리는 꽃 무리를 보고 이해하는
척했을까요?
먹구름을 가득 담은 하늘에서
쏟아지는 빗방울에 흠뻑 젖고 나면
비를 이해했을까요?
지금 바로 옆에서 잔소리로 갑질하는 그 여인이
속삭이는 그 여인이 될 줄
그때는 이해했을까요?

아무도 이해할 수 없는 이해를
붙들고 한밤을 지나간다.

괜히 장미꽃을 붙들고 향기 난다. 할라
그녀가 연인이 될 때까지
이해되는 이해가 되는 것처럼
이 해를 이해로 살아가야 하리.

---

[7] 함안 문학 34호 수록

9. LMT I (풍경구성법)을 통한
내면의 질서를 표현하기

LMT(풍경구성법) 은 강, 산, 논(밭), 길, 집, 나무, 사람, 꽃, 동물, 돌 등의 형식으로 제시되는 대로 그림을 자연스럽게 그려가는 과정을 통해 무의식적인 나를 발견할 수 있는 과정이다.

지금보다 조금 후일에 이렇게 살고 싶은 심정을 담아본다. 전체형식적인 조화로는 많은 무리가 있어 보이지는 않지만, 내용적인 조화에서는 물결을 굽이쳐 올라가는 물고기며, 제법 뾰족하게 솟은 산, 밭에서 부부가 밭일하는 모습 등의 산재 한 일을 볼 수 있다. 이 모든 일이 역경 일수도 삶의 태도일 수도 있다는 것에 의미 두면서 감당해 본다.

나 봄8)

봄이 버릇처럼 와서

새싹이 돋는다.

들이 깨고 산이 일어선다.

냇가의 물비늘이 깎이는 날엔,

시선도 번갈아 가며 물비늘 깎기에 여념이다.

어느새 얇아지는 물비늘 자리,

그 틈에 제 정체를 알려주는 물고기가 튄다.

간혹 날아가던 새들은

똥인지 오줌인지 모를 똥오줌을 눈다.

산은 새가 둥지를 틀 때 나무로 자리를 내어주고,

부러진 가지는 쓰임새로 내어주고,

새가 물어가 준 덕에 청결해지고,

작은 길 주변으로 생명이 나왔다.

봄이 분홍빛으로 왔다.

그 좋은 벚꽃이 벗이라고 말한다.

봄 너에게 반하지 않으면 안 될 시작,

봄 네게 반했다. 나 봄

---

8) 함안 문학 34호 수록

10. 내게 지금 필요한 것
(내면의 욕심) 표현하기

산을 좋아하는 나는 산 옆에 살고 싶다. 비범하지만 평범하게 살고 싶고, 인생에 한 번은 첫 번째이고도 싶다. 나비의 날개에서 일어난 바람이 태풍으로 전달되기까지의 기다림 같은 영향력을 가져가고 싶다.

그런 날을 위해 매진하는 것은 사람 본연의 정신으로 가고 싶다. 그런 길을 위해서는 내 본연의 길을 열어감에 있어서 관계는 필수 요소가 된다. 이 필수 요소를 외면하지 않고 상생하는 요소로 받아들이는지는 각양의 의지를 어디에 두고 어떤 의지로 살아가느냐가 중요하다.

파도9)

출렁이는 바람에 온도를 감당하려
외마디 터짐을 뒤로한다. 밀려나고 쉬어간다.
술렁이는 소식을 인내하려
목놓아 울어보다 생을 놓아버리는 소식이 쌓인다.
서울 한 곳°을 향하여 발걸음은
몇 주 째 연결되어 간다.

그 발걸음을 밀쳐내는 마음은 어느 나라 발걸음인가!
들어줄 귀가 열리지 않으면 파도는 파도일 뿐,
오늘은 변화 혁명이 어느 곳이라 하지 마세요.

여기에서 들어줄 일은
파도에 깎이는 바위를 세월이 이해하듯,
뙤약볕에 토해내는 구호에 담긴 간절함을
그런 아우성으로 날려 보내지 마세요.
귀를 열고 들어주세요.
출렁이는 파도 소리를 들어주세요.

서울 한곳° : 서이초 교사가 순직한 곳

---

9) 함안 문학 34호 수록

11. 내게 소중한 것 표현하기

　내게 소중한 것은 다시 말해도 눈이다. 아주 부드러운 해안을 가진 눈을 그리고 싶었다. 솜씨가 그렇게 그릴 힘을 주질 않는다.이 눈 안에 못 넣을 것도 없지만 얼음으로 인해 득과 실을 가질 수 있는 가장 정직한 길이기도 하다.

　눈은 가짐으로 인해 아니 눈 안으로 들임으로부터 마음의 평정을 판가름하는 우리 몸의 가장 큰 감각 중 하나다. 눈으로 받아들이는 순간부터 선한 영향력과 행함을 갖는 것에 대한 책임감으로 살아가는 삶을 배우게 된다.

기다림은10)

기다림은

기다리는 동안에는

기다림이 아니어서

기다림이 끝나는 언저리마다

주렁주렁 매달린 물음표들

엇갈림이 많아서일까.

일몰처럼 붉다.

사그라지듯 꽃이 핀다.

선화다.

악화다.

꽃이라 부를 때,

선활까.

악활까.

꽃이라 부르는데,

봄

여름

가을

겨울로

간다.

10) 함안 문학 34호 수록

12. 동물 가족화를 통한 관계 표현하기

선택한 동물들의 특징적인 부분을 내면의 표현과 연관을 지어 가족 간의 관계나 어떤 집단의 관계를 원활하게 표현하는 방법 중의 한 방법이다. 찾는 순서와 오린 순서 그리고 색칠순서 등을 살펴볼 수 있겠다. 모두 관계적인 성향이나 친밀도 등을 표현해 볼 수 있겠다. 찾은 순서는 기린 얼룩말 양 고양이 순으로 찾았으며 오리는 순서는 양 기린 고양이 얼룩말 순으로 올렸다.

그리고 색칠하는 순서로는 기린 얼룩말 양 고양이 순이다. 거리 크기 색깔 등을 살펴보면서 무의식적인 친밀감 관계 사회성 등을 고려할 수 있다. 그러나 실제로 우리 가족의 관계는 이런가! 하는 의구심을 갖게 하는 표현이다. 기린 같은 아빠는 높은 키만큼이나 이상적인 색은 많으나 애틋하게 가족을 포용할 수 있는 친밀감을 가지고 있을까 하는 부분을 생각하게 된다.

처서(處暑)11)

어제도 왔다는데

오늘도 온다 별은

어느 하나는

사라진 세월 마냥

아쉬워지는 밤일 때,

하늘 바라볼 일 많아서

넓어질 우리 맘에

다시 별이 온다면,

저녁 내음 풀어헤친

안개처럼 오세요.

11) 함안 문학 32호 수록

13. 다리 그림을 통한 꿈(목표) 표현하기

목표를 향해 가는 꿈의 지향점과 거리 크기 색깔 등을 살펴볼 수 있는 특징을 가진 투사 검사의 한 방법이다.

나를 의미하는 매개체를 작업 중에 표시하고 완성 후에 꿈의 도달 정도를 파악할 수도 있는 재미있는 구성화로 표현할 수 있다.

왼쪽에 가까운 매개체와 오른쪽으로 가까운 매개체의 위치에 따라 꿈(목표)의 지행점의 위치가 표현된다는 것이 흥미롭고 신기했던 분야다.

무지개(함안 오일장)¹²⁾

쓴 비 오던 날은 가고

담다 나온 어머니 손길처럼
달곰한 장날 나온 고들빼기에
밥 한 그릇 뚝딱!

오만 정 덜다 나온 아버지
발길에 핀 노란 꽃님들처럼
확 핀 날도 뚝딱!

이레 동안 만들면 좋겠네.

---

12) 함안 문학 32호 수록

14. 나무 그림을 통해
의식과 무의식을 표현하기

  왼손과 오른손 나무 그림을 표현했다. 의도성이 없지만 서로 다른 나무를 보며 신기한 자아의 무의식을 발견할 수 있었다.

  한여름 같은 나무(왼손 나무)는 한 해의 한 가운데 와 있는 나무, 딱 중간에 와 있는 나무, 정점에 와 있는 나무, 그래서 새들도 많이 와서 둥지를 트는 나무, 열매도 가득 익어갈 채비를 하는 나무, 그렇다 보니 보이질 않는 속 그 속에 있어서 숨어들 수 있는 새들, 그 속이 있어서 새어들수 없는 바람 때문에 힘든 나무이기도 하고, 풍성해진 속때문에 겸손이 없어지지는 않았는지 돌아보게 되는 나무, 그래서 가을이 되면 우수수 비워내고 다시금 겸손을 채우듯속을 비워야 하는 나무이기만 한 해 한 해 채워지는 것은비워야 하는 공간의 넓이는 커지고 그만큼 살이 채워지기도하는 나무가 된다.

봄 같은 나무(오른손 나무)는 여린 순 같은 나무, 아직 한참 더 자라야 하는 나무, 가지 사이에 새가 들었다가 뭔가아쉬움에 왔다가는 나무, 꽃이 필 것 같은 나무, 새 가지순이 자라날 것 같은 나무, 잎이 활짝 피어나지 않은 고요한 나무일 때는 빈 곳이 많아서 사이사이로 건너편을 볼 수있고 때론 그 사이로 새는 바람도 맞아 볼 수 있었는데 그렇다 보니 누가 찾아들었는지 알 수도 있고 나름의 자연스러움이 가득했던 겨울나무 봄나무가 된다. 자아의 부정적인면을 긍정적인 면으로 다시 발견할 수 있는 활동이 되었다.

품삯

나무는 하늘을 도둑질하고
내 눈은 나무를 도둑질하고
하늘은 그런 나에게
삯을 논하지 않아요.
나무는 종일 그늘 되어도
우리에게 삯을 논하지 않아요.
벤치에 앉아
하늘을 차지한 나무를 보고
나무를 차지한 숲을 보며,
창가에 앉아
나뭇잎으로 하룰 그리듯
시를 쓰는 나무를 보며
간절했어요.
가을이면
내려놓는 단풍을 보며
우리에게 넘치는 삶,
내려놓고 채워 갈
봄을 그리워하며,
문득
빛으로 시종 드는 풀무 같은
햇살의 품삯은 빛나요.

15. 기억에 남는 발자취 표현하기

돌아보면 다시 돌아갈 수 있도록 기회를 주면 가보고 싶은 인생 단계가 고등학교 시절이다. 친구의 말 한마디가 화살처럼 꽂혀 와 화장실 뒤에서 싸웠던 때이기도 하다. 그 후론 더 친해지고 좋은 사이로 남게 된 시절이다.

비염이 심해 공부에도 많은 지장을 받았던 때이기도 하다. 나중에 축농증으로까지 심해져서 치료 약을 먹으면 졸음이 몰려와 수업 시간에 졸지 않으려고 허벅지를 꼬집던 아픈 추억의 때이기도 하다.

그러 여러 환경적인 요인으로 인해 가장 조용하고 가장 심적인 요동이 심했던 시절로 기억된다.

점수로 따지면 0점에서 100점까지를 오갔던 시절이기도 하다. 그래서 그 시절에 연민이 많이 묻어난다. 그런 연유로 가장 아쉬운 흔적이고 돌이킬 수 있다면 꼭 다시 해 보고 싶은 시절이다.

벽돌 쌓기(현충일)13)

시멘트를 바르고

벽돌 하나 올리고

그 위를 이리저리

톡톡 쳐보고

다시 시멘트를 바르고

벽돌 하나 올리고

어울림이 쌓이듯

한켠 쌓이는

돌의 무게로

살아가는 세상에

꽃으로 피소서.

13) 함안 문학 32호 수록

17. LMTⅡ(풍경구성법)을 통한
내면의 질서를 표현하기

 개인적으로 LMTⅠ 보다는 안정적이다. 무의식과 의식을
연결하는 다리도 확실하게 표현되었으며 우선 집 나무 등의
조화가 좋고 편안해 보인다. 대신 드넓은 평원이 없어진 게
아쉬움으로 남는다.

 이처럼 삶을 구성하여 감에서는 내려놓을 부분과 받아들
이는 것에 대한 폭넓은 사고를 만들어가는 것이 중요하다는
생각을 다시금 하게 된다.
 물론 하나의 표현이나 현상을 가지고 전부 인양 생각하는
것은 자기 오류를 가져올 수 있는 점을 마음에 새긴다.

몬드리안¹⁴⁾

새록새록

밤 별은 왔다 가고

우리도

저 별에 빛으로 갔을까!

---

14) 피에트 몬드리안 네덜란드의 화가로 점, 선, 면만을 이용한 '차가운 추상'의 거장
으로 꼽힌다(네이버 나무 위키).

18. 길 그림 II (삶의 여정 찾아가기)

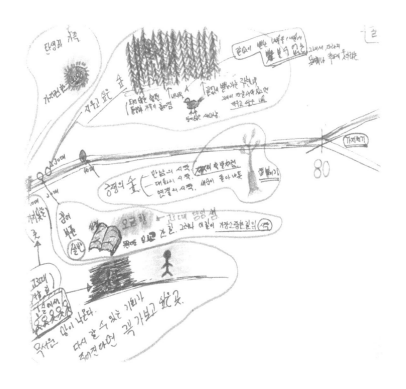

　나름 길게 여겨지는 여정도 돌아보면 특별한 게 없다.

　온 가족의 축복 속에 탄생을 맞이한다. 10대를 가지 못할 곳이 한다. 고3 때 겨울 교실에서 무서운 말이 나온다. 친구로부터 상처받고 상처 주는 일을 회상하게 된다. 그리고 다시 갈 기회가 주어진다면 꼭 가보고 싶은 시간으로 고쳐 쓴다. 그만큼 상처받은 마음도 달래고 상처 입은 마음도 위로를 주고 싶다.

20대는 꿈에 부푼 절반이다. 그때에야 고3 담임 선생님 (오*향) 생각도 떠오른다. 뭔지도 모르고 선택한 대학생의 길 그러나 이 길이 가장 소중한 길의 시작이라는 생각을 담임 선생님은 알고 계셨던 것 같다. 그런 감사함이 때때로 생각난다.

30대는 지우고 싶은 숲이다. 뭘 해도 되지 않는 것 같은 형편, 동생과 가족들이 흩어짐, 대나무가 끝없이 뻗어 주변 나무가 자랄 수 있으면 지우고 싶은 나무, 끝없이 뻗은 나무들 때문에 빛을 볼 수 없는 그래서 자라지 못하거나 약하게 웃자라는 그래서 지우고 싶은 숲이다.

40대는 긍정의 숲이다. 만남의 시작, 대화의 시작, 연결의 시작, 제2의 출발점처럼 새순이 돋아나듯 아니면 접붙이기 같은 시대다. 그래서 50대 중반을 지나가는 길이다. 뜻 깊은 길과 힘으로 가고 싶어진다. 기대되는 길이다.

봄까치꽃15)

햇살 아래 서서
햇살에 반사되는
너를 바라본 지도 오래고
내가 되어본 지도 오래고
햇살이 멍한 건지
너와 내가 멍한 건지
너의 이름에는
아픈 추억이 많다더라
우린 그리 말아야지
봄까치꽃으로
다시 나와서
햇살 가득 머금은 눈으로
오늘을 출근하자
둘이서

---

15) 함안 문학 31호 수록

19. 9분할 통합회화법으로
핵심 감정 표현하기

9개의 분화될 화면에 여러 장면의 이미지를 나타내어 다양한 감정 중에 매개 감정을 찾아가는 좋은 방법이다.

평생을 역사처럼 살아오신 어머니에 대한 개인적인 감정을 다시금 살펴보게 되어 감사드린다.

대한민국의 전라남도 고흥군 남양면 고흥반도에서 육지로 연결되는 잘록한 부분에서 동편으로 이동하다 보면 주교마을이 나온다.

이른 아버지의 소천(기독교에서 사망을 이름)으로 모든 생활고를 어머니 혼자 감당하기는 많은 어려움이 따랐다. 어린 눈에도 그럴 찐데 어머니 맘은 어찌하였을까 싶다.

어린 눈에 어머니의 혼자 흘리신 눈물을 여러 날 볼 수 있었다. 남의 논 도지 농사를 짓고 나면 남는 것은 빚뿐이라 어머니의 굳은 결심은 이모가 계시는 경기도로 상경을 하는 선택이 불가피했을 것이다.

그렇게 우린 몇 개월을 남남처럼 흩어져 지내기도 했다. 지금도 남양주시 퇴계원역에서 올라탄 아슬아슬한 기차 마지막 칸에 겨우 뛰어올라 어머니의 손 흔드시는 모습을 보면서 서럽게 울던 생각은 간혹 생각을 눈물짓게 한다.

그때 다짐도 오래가지는 못했다. 그 이후로도 미래를 위한 꿈에 대한 다짐은 자주 변했다.

생계를 위해 박스 공장에서 일하시던 어머니는 박스 제작 기계에 눌리는 아슬아슬한 사고를 당하셔서 한동안 허리를 잘 못 쓰셨다.

그렇게 지나가는가 싶더니, 아래 동생이 골육종이라는 종양이 무릎 부분에서 발견되어 서울 태릉에 있는 원자력병원에 입원하게 됐다.

이 일은 집 안의 큰 사건이 됐다. 다시 형제들이 뿔뿔이 흩어지게 되는 계기가 되었다.

힘들게 일해 모은 돈으로 마련한 집을 급하게 처분하고 동생 병원비로 지출해야 하는 커다란 사건이 되어버렸다.

.

어머니의 서러운 눈물은 이번에도 가슴 깊이 흘렀다. 그렇게 우린 두 번째 헤어짐으로 각자 생계를 위한 선택을 하게 되었다. 그렇게 어머니는 당신이 시집온 그 시골로 다시금 수십 년 만에 다시 내려가셨다.

지금 어머니는 간혹 당신의 옛 선택을 얘기하시곤 하신다. 난 그 어머니의 역사를 있는 그대로 인정하기로 했다.

순이

순이가 온다더니
봄 순이다.
봄 순이 왔다더니
내 몸이 가려워요.
봄 일을 하려 드니
겨울 끝은 상스럽고
봄 햇살이 수시로
왔다 갔다 합니다.
그리워요. 그 겨울
호호거리던 입김으로
보고 싶어요. 그 밤
발그레한 손끝으로
다가오는 순이
첫새벽 끝으로
걸어가는 순이를
보기만 했어요.
그 곁으로 다가오는
순이
순이
순이

19. 촉감으로 표현하는
감정 목표 표현하기

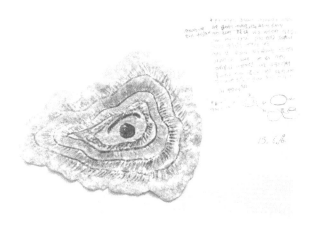

  아주 깨알 같은 존재로서의 나에서부터 시작하여 아주 멀리까지 가버리는 처음에는 너무 작아서 알 수 없는 나까지 처음에는 보이지만 시간이 흐르면 흐를수록 나는 커지지만, 알 수 없는 속이다.

  그래서 하나의 덩어리가 퍼 주고 퍼 주고 퍼 줘서 더 줄 수 없는 때까지의 나로 산다는 것은 멋있다고 깨달았을 때는 너무 멀리 와 버린 나를 발견하게 된다. 그래서 사람 낚는 어부가 되겠다고 다짐하던 나는 아직도 어부를 흉내 내고 있다. 진짜 사람 낚는 어부가 될 수 있다는 믿음 하나만으로 맛은 '어두육미'라 해서 '어두'를 표현해 봅니다.

상사화(흔적)16)

꽃잎 피우기보다
오므리고 떨구기가
더 *열없어라

난세 亂世에 얼굴 같아
바라보다 바람맞고

난 蘭 자리 열없어서
당신은 피어도
꽃잎으로 살기로 하여,
잎들보다 나비와
속삭이는 버릇으로
살아야 하네

---

16) 함안 문학 32호 수록

20. 페르소나 Ⅱ (외적인 나)로
들여다보는 나

　개인적으로 항상 적당한 부끄러움으로 몸을 다스리고, 내 몸 신독(慎獨)으로 가득 채워지기를 간절히 바란다.

　그러나 항상 외적인 나는 변화의 겹을 벗는 듯 자유롭다. 미래를 열어가는 힘은 여기에서 오지 않을까! 자신감이다. 어떤 환경이든 방해 없는 환경이 있을까요? 그 환경에 직면할수록 끝까지 가려는 자신감을 잃지 않는 것이다. 그것에 내 길이 있다.

　몸으로 쌓아가는 자신감을 향한 믿음이다.

얼른 와요.

벗꽃 피고 버찌 익는 마을에

봄날 벗꽃 필 때
웃음 한 번 못 피울
사람 있나요.
얼른 와요.

벗꽃 흘리는 봄비에
아쉬움. 한 줄기 씻어 내리지 않을
사람 있나요.
얼른 와요.

녹음 차는 햇살에
벗나무도 살이 올랐어요.
그늘 한 편은 달아서
얼른 와요.

21. 나를 위한 나를 표현 후기

자서전을 쓴다는 것은 생각하지 못했는데 이렇게 쓰게 되니 나를 보고 하는 다이어리 같은 생각을 하게 된다.

조금은 쑥스럽게 다가오는 '나'라는 모습은 무엇인가! 라는 자문을 먼저 했던 것 같다. 그리고 그동안 미술 심상화 활동을 기준으로 정리하다 보니 곳곳에 파묻혀서 캐어 져 나오는 보물이 가득해지는 생각도 하게 된다.

비록 몇 컷 안 되는 자료를 올리게 되지만 의미가 새롭고 주섬주섬 입어왔던 옷 같다는 생각이 들어 마음이 따뜻해지는 이유는 뭘까! 하는 생각으로 마무릴 하게 된다.

5장

내가 나를 그린다

박영란

이장의 셋째 딸

선창가 물 때 맞춘 어른들의 배가 들어오면
쪼르르 엄마를 찾아 뛰던 골목 친구들
오류골서 시집온 엄마는 눈이 멀어 선창가를 보고
탄치에서 시집온 엄마는 귀가 멀어 티브이를 듣고
골목골목 뛰어놀던 친구들은
눈먼 엄마, 귀먼 엄마를 그리며
하루 지나 이틀 지나 겨울을 나네.

이장 있소! 로 시작되는 우리 집은 밥을 먹을 때나 책을
볼 때나, 조용히 놀고 있을 때나 어린 나에게는 좋은 소리

가 아니었다. 우리 집엔 6남매가 2, 3년 나이 차로 웃고 울며 자랐으며 나는 딸 넷 중에 셋째 딸이다. 마을은 어른 아이 모두가 이웃 이웃하여 같이 일하고 같이 놀았었지만 나는 조용한 게 좋았고 우리 집엔 동네 사람들이 북적댔었고 대문은 항상 열려있는 채로 있었다.

이장을 하는 아버지의 역할도 있었지만, 텔레비전이 있기 때문이었다. 당시 프로레슬링 선수 박치기왕 김일의 시합이 있는 날에는 일찍이 아침을 먹고 우리 마당으로 들어서며 이장 있소! 로 인기척을 했고, 텔레비전 화면이 한 번씩 꺼졌다 켜졌다 하거나 화질이 좋지 않아도 도두 열광하며 함성이 울려 퍼지는 발원지였다 그뿐인가 "아씨"라는 연속극을 보러 큰방에 모여 눈물을 훔치며 보는 동네 어른들은 나의 저녁 시간을 여간 곤란하게 만든 게 아니었다.

긴 세월에 엄마와 아버지는 나를 떠나고 보고픈 마음과 삶의 여러 상황에 부딪혀 울컥할 때 찾아간 산소에서 나는 느꼈다. 그리고 나는 알았다 박치기 김일을 보며 외치고 외쳤던 아버지들의 고함은 섬진강 마지막 줄기 광양만의 차가운 바닷바람을 몸속으로 치받으며 어린 자식의 꿈을 만들어 준 승리의 소리고 자신을 향한 애정의 소리란 것을.

"~ 옛날에 이 길은 꽃가마 타고 서방님 따라서 나들이 가던 길."의 그 아씨가 자신이었으며 우리 집 큰방에서 눈물 훔치던 눈이 멀고 귀가 멀어버린 우리의 엄마라는 것. 그리고 지금의 나일 수 있다는 것을.

텔레비전과 큰방을 내어주고 불편한 저녁 시간을 보냈던 내가 지금은 정 있게, 정답게 살아가고 있는 것을 보면 무심한 시간은 아니었나보다 그래서 나를 쓰고 나를 그려본다.

1년 더 도전했었더라면
7번의 신춘 문예 공모

"물러진 잎은 떼어버려야 해." 비 온 뒤 텃밭 상춧잎을 떼어내며 엄마가 들리듯 혼잣말인 듯 이런 말을 했던 기억이 난다. 어리석은 나의 글쓰기에 반영해 볼 말이었었다. 버려야 할 것들과 끌고 가야 할 것, 그리고 깨진 것과 다시 붙여서 쓸 수 있는 것을 구분해야 하지 않을까 싶다.

초등학교 때 교실 뒤쪽 게시판은 나의 동시가 자주 붙어 있었다. 그것을 계기로 나는 글을 써야겠다는 생각을 굳힌 것 같고 20대부터 매달 11월경에 3편씩을 신문사에 공모했었다.

그리고는 12월 말쯤 되었을 때는 전화가 와 주기를 한번이라도 공모 당선으로 전화를 받아보기를 기다리고 기다렸던 그 시간이 흐르고 흘러가 벼려서 아쉽고 아쉽다

"물러진 것은 버려야해" 엄마의 목소리가 들리는듯하여 고개 들면 눈앞에 섬진강은 그저 흐르기만 했다. 물러진 것은 버리고 버려버려야 새로운 방향의 물길이 열리리니.

❸ 어정잡이로 살지 말자

❏ 새벽별과 함께

서른쯤 허리를 다쳐서 각 도시의 유명한 병원에 다니며 치료했었고, 통증이 심한 어느 날 아침 일찍 한의원 앞에서 기다리고 있는 나를 보고 참 어처구니가 없어서 시계를 보니 9시가 채 되지 않았었고 할머니도 두 분이 내 뒤를 이어 기다리고 있었다.

'80 어른보다 먼저 한의원에 와서 줄을 설 일인가?' '이렇게까지 계획 없는 시간을 보내고 있단 말인가?' 이런 생각이 들자 부끄럽기까지 했다. 그래도 일상생활이 될 만큼은 회복이 되어야 당장 집안일이며 아이들을 돌볼 수 있었기 때문에 치료와 더불어 새벽 4시에는 집에서 3분 거리에 있는 초등학교 운동장을 40분가량 걸었다.

뾰족한 이를 드러낸 목련 꽃망울을 허리를 숙이고 봐야 했고, 아파트 앞을 지나 학교 담장 아래에 죽어있는 매미들의 형체도 보았고, 새벽 네 시의 겨울에는 허리통증으로 병원을 찾을 일을 만들지 않겠다는 의지 없이는 외투를 입고 나서기가 참 망설여지는 시간이었다. 그 의지와 함께 건강은 많이 회복되었으며 내가 느낀 것은 넘어진 자리에서 일어나는 용기만 있다면 건강이든 일이든 내가 생각한 만큼은 해 낼 수 있겠구나였다.

내가 지탱하고 해결할 수 있는 능력이 있기 때문에 이런저런 상황이 생기는 것으로 생각한다. 실제로 이런 마음속의 굳건함이 있어야 주위를 산만하게 하지 않고 신속하게 일을 해결 할 수가 있는 것 같다.

❏ 어정잡이로 살지 말자

몸을 똑바로 하지 못하고 어깨는 늘어져 있고, 눈동자는 흐리고, 시선은 정면을 보지 못하고 중앙에 서지 못하고 한

쪽 구석으로 있는 상태가 내가 느낀 어정잡이인 형상이다. 내가 이렇게 살고 있었다 허리치료 중 병원에서 추천한 요가를 시작하였다 2024년 올해로 강의를 시작한 지 17년 정도 되었고, 요가를 시작한 지도 17년 된 것 같다.

17년 전 기관에서 강의를 시작하고 많은 수강생은 서로에게 도움을 주고받으며 좋은 만남으로 이어졌었고 일주일에 두어 번 정도 강의가 있었다. 그 무렵 내 생각은 어정잡이로 살지 말자는 것으로 굳혀졌으며 사람들 속에서 어떻게 해야 하는지를 배우고 느끼며 인간관계가 시작되었다.

용돈의 첫 번째 사용은 예스24에서 책을 사는 일이었다. 강의료의 일부는 책을 사서 수강하는 분들과 같이 나눴고 참 살뜰한 시간이었다. 어떤 땐 공과금이라고 생각하고 책을 샀었고 갖고 싶은 책을 가졌으니 언젠가는 책을 쓸 수도 있지 않을까? 이런 생각도 했었다.

왜냐하면 잊혀진 신춘문예의 기억이 한해의 중반 6월쯤 되면' 지금 써도 11월쯤 공모할 수도 있을 건데 ' 이런 생각에 괜히 마음이 바빠지고 우울해지고고 하는 기분이 자주 들었었기 때문이다.

잘 쓰는 것보다 지금 쓰고 백번 고치차 이렇게 적힌 노트가 있는 걸 보면 시에 대한 애정이 깊었긴 했던 모양이다.

④

나를 보듯 타인을 보면
저절로 생기는 마음

❑ 취업 컨설팅의 뿌듯함과 아쉬움

허리 병으로 병원에 가지는 않아야겠다는 굳은 마음으로 이어진 운동과 요가로 인하여 2024년 현재까지 수술은 하지 않았고, 최근 1년 동안은 병원을 찾은 적이 없다. 마음을 굳히고 노력하고 참아낸 결과다.

high스피치 경영컨설팅을 개원한 지 10년이 되었고 청년 실업자가 급증하는 시대에 특히 20대의 취업에 관한 컨설팅은 3가지의 소명 의식을 갖고 대했다 첫 번째는 "합격시키자."이다. 왜냐하면 내가 잘못하면 그의 인생과 나의 인생

은 어정잡이가 될 것이라는 생각을 중심에 두었기 때문이다

　두 번째는 시간과 돈을 아껴주는 것이다.
　그래서 자소서는 먼저 메일로 받아서 어떤 경우는 밤늦게까지 작성하며 그 시간을 아껴주었고, 시간 내에 마무리되면 여분의 수강료는 돌려주었다.
　3번째는 신뢰가 바탕이 되어야 지역에서 직업을 가지고 살아간다는 것이었다. 아버지와 딸, 엄마와 아들, 친구와 친구의 연결이 이어졌고 개인과 기업과 기관으로 이어지며 어정잡이로 살지 말자인 나의 결심이 굳혀지기 시작했다.
　그 와중에 미안함이 남아있는 경우가 두 번 있다. 한 번은 간호사인 여학생의 경우인데 오해가 있는 듯하지만, 나의 잘못이라 여기며 시간이 지나 그 학생이 나를 생각해 보면 오해는 풀어지리라고 믿으며 마음을 삭혔다.
　두 번째는 9급 공무원에 합격한 분이다. 어려운 가정형편이라 면접용 슈트를 사주고 싶었는데 당시 나의 상황을 먼저 충족하느라 마음으로만 생각한 것이 지금도 아쉽고 어리석게 느껴진다. 아쉬움을 남기지 말아야겠다. 일을 하면서나 사람들 사이에서 나.

❏ 때아닌 절 받기와 큰 웃음소리

"저가 너무 감사해서 지금 당장 할 수 있는 일은 절을 하는 일입니다" 이렇게 말하며 덜썩 절을 하는 40대 후반의 남자는 지금은 업무와 더불어 사회생활을 잘하고 있다.

실제로 성인 10명 중 8명은 대중 앞에 서면 불안과 공포를 느끼고 있다는 결과가 있다. 그 통계가 아니더라도 나의 수업에 참가하는 분들을 분석해 보면 그렇다. 그중에 10%는 다양한 방법을 찾아 꾸준한 노력으로 성공적인 자신을 만들어가고 나머지는 도중에 포기하거나 시도하다가 중단하는 경우가 많았다. 누구든 어떤 일을 시작하면 조금 더 그 환경에 오래 머무는 사람이 성공할 수밖에 없다고 생각한다. 수영을 시작했으면 수영장이라는 환경 속에 오래 머무는 것, 책을 본다면 집에서 보는 것도 좋지만 도서관이라는 환경속으로 들어가는 게 보다 더 효과적이지 않겠는가.

마찬가지로 하루나 한 달 중에 자신이 가장 많은 시간이 어떤 환경 속에서 업무를 보고 취미생활을 하고 혹은 다른 일에 몰두했다면 가장 많은 환경 속에 있는 자신이 전문적인 분야에 있을 것이고 그 시간이 자신을 만들어가고 있을 것이다. 시간이 지날수록 그 부분이 재능과 능력으로 부각될 것이다. 재능이란 길들이기에 따라 얻을 수 있는 힘듦속에 숨어있는 오랜 즐거움인 것 같다.

불요파 불요회(不要怕 不要悔)

❑ 삶의 후반전은 후회하지 않게

불요파 불요회(不要 不要悔)를 한 번씩 생각하곤 한다.

왜냐하면 어떤 일을 시작할 때 할까말까를 자주 고민하기 때문이다. 아주 간단한 예로 '이번 여름에 3일 정도 한 시간 거리의 여동생네 가서 여동생이랑 큰 언니 집이랑 다녀

올까? '아니지 집안일도 있고 다녀오면 일거리도 많고 한데 가지말까'

그러다가 일 년이 지나버리는 경우가 많았고 아직 여동생과 며칠 정도의 여행을 해본 적이 없다. 그래서 근래는 불요회를 더욱 생각한다 .

不要怕 不要悔에 얽힌 이야기는 이렇다. 어느 소년이 고향을 떠나 넓은 세상에서 꿈을 펼쳐보기로 결심한 후 마을에서 존경받는 한 노인을 찾아가서 살아가면서 명심하고 있어야 할 말이 있다면 알려주시면 어른의 말씀을 듣고 잘살아 보겠다고 했다
노인은 그 소년에게 불요파 세글자를 써 주었고
"네 인생의 절반은 이 글자대로 살면 크게 잘못될 일은 없을 것이다"라고 말한 두려워하지 말라이다.

세월이 흐르고 두려워하지 않고 삶을 성공적으로 만들어 낸 소년은 보통 사람들이 그렇듯 고향이 그리워졌다.

고향에 돌아온 소년은 그 노인을 찾았지만 이미 세상을 떠났고 그 노인의 아들이 전해준 편지에 쓰인 글은 후회하지 말라는 뜻을 가진 불요회였다. 인생의 전반은 두려워하

지 말고 도전하고, 실천하고 나아가 볼 일이며, 인생의 후반은 후회하지 말라는 것이다

인생 후반의 나는 요즈음 후회하는 시간이 자주 있고, 잠을 설치는 밤이 많고, 온 하루가 한숨일 때가 늘어난다. 여기저기 끄적여둔 노트를 보며 그래' 후회하지 않게 생활해보자, 후회하지 않게 하고 싶은 것이 있으면 바로 실행해보자' 이렇게 마음에 새기며 업무나 강의외 시간은 움직여서 사람들 사이로 들어가려고 노력하고 있는 중이다.

7월 장마의 한밤중에 책상 앞에 앉았다가 하늘을 보았다가 거울을 보았다가 비를 보다가 시계를 보니 2시다. 모두들 평온한 밤 되시기를 바라며 나의 엄마도 나의 아버지도 무릉도원에 계시기를.

⑥ 어린 나에게 주는 말

❑ 마음이 스승이다

동창회나 동문회는 가지 않았지만, 어릴 적 집 가까이 살았던 친구들의 소식은 더러 듣고 살았다. 집에 가면 엄마가 "난이야 니 친구 금순이는 얼마 전에 동네 왔다 갔는데 포항에서 잘 산다더라" "모두 힘들게 컸는데 동네 아들이 다들 잘 살고 허니 좋다." 이렇게 얻어들은 말이 많아서기도

하다.

어느 날 오후 친구의 아버지가 돌아가셨다는 얘기를 듣고 장례식장을 찾아갔다가 아버지의 마당과 나에 뜰에서 텔레비전을 보며 열광했던 어른들이 보여서 고개만 숙여 인사하고 친구와 인사했다 내가 올 것이라는 걸 생각도 못 했다고 했었고 나도 친구 부모님의 장례식장을 가본 것이 처음이었다.

다른 친구들은 오후에 올 거라고 했었고 나는 그냥 혼자 인사했다 내가 친구의 아버지 마지막을 인사드리러 간 이유는 무정한 겨울 햇살에도, 애타는 여름 땡볕에도 동네를 지키고 자식을 지키고 우리를 지켜낸 어른들의 값진 시간에 대한 울먹임이 앞섰기 때문이며 마음이 시켰기 때문이다.

"고생 참 많이 하셨다." 이 말은 어리석은 우리가 할 말이 아니다 어른들의 그 서러운 삶에 대한 정갈한 예의가 아니다. 어른의 영정사진을 보며 인사드리고 전라도의 칼칼하고 뭉근하게 끓여낸 시래깃국과 그 앞에 놓인 묵히고 삭힌 홍어 무침을 보며 못내 그립고 못내 슬픈 김일의 박치기 소리를 듣는다 "그래 한 대 쳐라 그래 잘한다"

어허노어노

상여소리

고운버선

고운색깔

그 물길마다 안고

그 수풀마다 안고

곱게 살은 님

곱게

가신님 어허노어노

❑ 움직여라 나니야

"나니 속은 뻔해 말만 안 해 하지" 엄마의 목소리다

지금도 내 속은 뻔하다 말만 "안 해"라고 한다. 말만 "그래 갈게' 라고 한다

느리고, 어정차고, 안 해라고 말해놓고 시키는 일은 천천히 다 해놓는 그런 시기를 거처 지금은 어떤가! 귀찮은 일은 하지 않고, 번거로운 일은 미루고 또 미루는 게으름을 갖고 있는 사람이 되어있지 않은가!

매미 소리가 부지런히 들린다. 성충이 된 매미가 본격적인 비상과 함께 맴맴 소리를 지르듯이 나도 한 번 움직여 봐야 하지 않을까 싶다.

오랜 시간 땅속에서 시간을 보낸 매미의 유충과도 같이 오랜 시간 게을 부렸었고, 생각만 하고 있었던 사람들과의 관계랑, 계획만 해 두었던 일들을 슬슬 끌어올려 실행해 봐야겠다.

아이들은 잘 크고 있고, 웬만큼 손에 익어가는 집안일도 있고, 여러 상황마다 고개 숙여가며 넘기고 받아들인 마음의 힘이 생겼으니 맴맴 움직여보자 나니야. 맴맴 날아보자 나니야.

6장

단 한 번의 생 살아내는 삶

임인수

나의 유 년 기

← 4살 때 모습

내성적인 서울내기 외톨이

'서울내기 다마내기
맛 좋은 고래고기
지저먹고 볶아먹자'

경기도 파주군 장단면에서 1958년에 태어났다. 나는 그
곳이 어딘지 모른다. 외가에서 5살까지 있다가 부산에 왔으
며, 나의 어린 시절은 놀림의 대상인 것만 생각난다.

기차를 타고 길고 긴 시간을 영문도 모르는 채 부산에 온
내 나이 5살. 아버지께서 먼저 부산에 내려오시고, 얼마 만

인지는 모르지만, 어머니와 함께 부산으로 내려왔다.

　나는 고향이 없다. 출생지는 있지만…. 그저 경기도 파주 장단면에서 태어났으며, 서울 서대문구 현저동을 본적지로 하고 있다. 그래서 나는 프로 야구 초기에는 MBC 청룡을 응원하였다.

　부산에 도착한 내 기억은 아버지의 친구분 집에 갔는데 넓은 마당과 해바라기가 생각이 난다. 그 집은 훗날 내 초등학교 여자 동기생의 집이었다.

　두 분께서 새롭게 시작한 곳은 옛날 수영 비행장 부근의 방 1칸과 점포 1칸에서였다. 지금 부산의 유명지이며 부촌인 센텀 지역이다. 주인 내외분은 세탁소를 운영하셨다. 그때만 하여도 나는 혼자였다. 3대 독자 외아들.

　부산에 내려와서 정착하느라 바쁘신 두 분에게 아이를 돌보는 개념은 없었다. 그저 나는 외지에서 온 아이로 그 동네 아이들에게 놀림 받는 내성적인 아이였을 뿐이다. 형제가 없는 나는 그들에게는 만만한 대상일 뿐이다.

　그들은 적어도 서너 명의 형제·자매들이 있었고, 어린 나이에도 이방인에 대한 호기심을 놀림으로 나타내었다. 나는 대항할 힘이 없었으며 특별히 태생적 성격이 아니더라도 내성적으로 될 수밖에 없었다.

그 당시에는 대부분이 어려운 생활을 하였으며, 서울에서 부산으로 내려오신 두 분은 첫해에는 수영 해수욕장(그 당시에는 해운대 해수욕장과 광안리 해수욕장 사이 수영 비행장 부근에 수영 해수욕장이 있었다. 명칭은 확실하지 않으며 내가 임의로 붙인 이름이다.)에서 탈의실을 하였다. 조그만 꼬마가 서울 말씨를 쓰니 서울 손님이 꽤 많았다고 한다.

그러나 탈의실을 하면서 잠시 두 분이 영업에 열중하는 사이에 내가 바닷물에 빠져 죽을 뻔하였다. 그 이후로 나는 바닷가나 산의 계곡에도 못 놀러 가는 계기가 되었다.

그해 여름철이 지나고 어머니는 해운대 시장에서 어묵과 가래떡 장사하셨고, 아버지께서는 어묵과 가래떡을 중간 도매상에게서 가져와 판매하시다가 이익을 더 남기시려고 공장과 직접 거래를 하였다고 한다.

그 시절의 나는 종일 단칸방에 갇혀있었다. 아동학대는 아니고 두 분의 나름대로 보호 방법이었다. 지금도 기억 나는 건 방안에서 성냥을 가지고 놀다가(팔각 성냥 통) 성냥 통이 타면서 눈썹을 홀라당 태워 먹은 것이다. 야단을 맞았다는 기억은 없지만, 얼굴에 화상을 입지 않은 것은 지금 생각해도 큰 다행이다. 여전히 나는 친구가 없었고, 또래의 친구들도 놀아주지 않았다.

집을 이사하였다. 당시에는 하천 옆에 하천부지라 하여 사람들이 불법으로 집을 짓고, 구청에서는 못 짓게 막고 부수고 하였는데, 그곳에 집을 지으셨다. 그 지역 토박이인 친구분들의 도움을 받았으리라.

그 후에 하시던 사업이 번창하여 그 동네에서 부자라는 소리를 들을 정도로 생활이 좋아졌다. 중고차지만 피아트라는 외제 차와 지프차도 있었다.

부산에 내려오신 지 얼마 안 되어 형편이 좋아지신 두 분은 사업에 집중하시느라 나에게 관심은 못 두었던 것 같다. 그러다 내 나이 9살 때 여동생이 태어났다.

나는 국민학생(지금 초등학생)이었으며, 후에 여동생은 유치원에도 다니고 두 분의 사랑을 독차지하였다. 당시에는 유치원을 다닐 수 있는 가정은 드물었다. 난 착한 사람이 아니라고 생각한다. 다만 그 누구도 내 편이 없다는 것을 알기에 조용히 지내다 보니 착한 아이처럼 보였을 뿐이다. 나는 내 감정을 표현할 수가 없었으며, 다른 친구들처럼 부모님께(어머니) 떼를 써 본 기억이 나지 않는다.

← 중학교 1학년

착하다는 단어를 의식해 본 적은 없다. 그런 나는 내 감정을 표현할 기회가 없다 보니 젊은 시절에 화를 내게 되면 그 정도가 과할 정도였다. 혼자 지내는 시간이 많아서인지 나는 혼자 있는 것이 어렵지 않다.

중학교 2학년이 되면서 집안이 기울기 시작하여 내가 고등학교에 갈 시점에는 매우 어려운 상황이 되었다. 나는 사춘기를 보낸 기억이 없다. 그럴만한 환경이 아니었으며, 장남인 나는 토요일과 일요일은 두 분이 새롭게 시작한 사업을 도울 수밖에 없었다.

친구를 만나러 나가려면 내게 주어진 일을 다 해 놓고 나가야 했으며, 이때 이층에 전세를 살았는데 집주인의 영향을 받은 아버지는 술을 드시면 나에게 버릇 들인다는 이유로 이유 없는 구타가 발생하였다.

나에게는 이 시기부터 대학 입학까지의 시간들이 악몽이었다. 그렇게 나의 청소년기는 지나가고 대학을 가고 군대를 다녀왔다. 그 시절의 기억은 나이가 든 지금도 트라우마처럼 내 기억 속에 각인 되어있다.

② 나의 성인기

잘못된 선택 1

군대를 다녀와서 대학을 졸업한 나는 직장을 가져야 했는데 이때 나는 훗날 뼈저리게 후회를 하게 되는 결정을 한다. 아버지께서 운영하는 회사에서 일하기로 한 것이다. 나는 열심히 일하였으며, 몇 년 후에는 아버지보다도 더 많은 매출을 올렸다. 지금도 아버지의 한마디가 기억난다. "네가 나보다 많이 파는구나!" 당시의 유통은 대부분 직접 다니면서 거래처를 찾고 서로의 거래 조건과 상품의 필요성에 의하여 거래하였다. 젊은 나는 전국을 다니며 상품을 팔았다. 서울, 대전, 대구, 전주, 광주, 진주, 울산 등.

이때 아버지의 서울 거래처에서 근무하던 아내를 만났다. 내 아내의 첫인상은 단아해 보였고 도도함도 느껴졌지만 나는 그녀의 그러한 첫인상이 좋았다. 내가 아버지의 회사에 다니면서 단 하나 운이 좋았다고 생각되는 건 아내를 만난 일이다.

나에게는 행운이지만 그녀가 나와 결혼한 것은 그녀의 잘못된 선택이었다. 이 책의 소제목인 잘못된 선택은 내가 다른 직장을 찾지 않고 아버지의 회사에 들어간 것을 일컫는다. 어머니께서도 말렸는데 남의 회사에 다니는 것보다는 나을 것으로 생각하였으나 나중에 보니 결과적으로 오판이었다.

그렇게 근무하고 일하면서 아내와 결혼했고 정말 예쁜 딸을 만나고 둘째로 코가 큰 멋진 아들을 만난다. 이 아이들은 지금까지도 우리 부부의 자랑이고 버팀목이 된다.

← 딸과 아들

결혼한 지 5년이 지나 아버지의 회사가 부도가 났다. 거래처에서 상품 대금으로 받아온 어음이 부도처리가 되고, 몇 건이 연이어 지며 그 여파로 자금난을 겪다가 어음을 못 막아 결국 부도가 난 것이다.

그러나 판매는 거래처와 지속해서 할 수 있었기에 내 명의로 사업자를 내고 다시 운영하였다. 의욕은 많이 약해졌지만 나는 열심히 일했다. 자금의 어려움 속에서 아버지의 채무도 갚아야 했으며, 부도의 여파 속에서도 새로운 상품을 개발하고, 다른 상품의 공급을 받아야 했지만 어려움이 많았다. 그래도 기존 상품에서 새로운 상품으로 조금씩 대체하며 운영해 나갔다.

　아버지는 술로 지새웠고 그러면서도 나를 관리 감독하려 하셨다. 정말 안팎으로 힘들었다. 이때 내 여동생은 치·의대를 다니고 있었는데, 아버지는 동생을 휴학시키려 하였다. 아마 이 사실은 지금도 모를 것이다. 나는 무릎을 꿇고 빌고 또 빌었다. 이 상황에서 휴학하면 다시 복학하기 힘들고 동생도 충격을 받기 때문에 안 된다고 반대하였다. 동생은 휴학하지 않고 학교에 다닐 수 있었다.

　내가 서운한 부분이 있는데 두 분은 동생에 대한 나의 노력과 마음을 일절 말하지 않은 것 같다. 동생이 전액 장학금과 부분 장학금도 받았지만, 등록금을 낼 때는 많이 힘들었다.

　1992년에 내가 부도가 나게 된다. 아버지께서 재기하시고자 내 어음으로 상품을 구매하고는 그 어음을 책임을 못 지고 막지 못한 것이다. 정말 어처구니가 없었고 나는 경황이 없었다.

　그때 아내로부터 연락이 왔다. 은행 지점장이 찾는다고, 아직 부도처리 전이였는데 지점장에게서 전화가 온 것이다. "임 사장 돈 있는데 왜 안 막아요?" "나는 말했다." "지점장님 돈이 없습니다." "적금 넣은 것 있잖아요" 그때야 생각이 났다. 당시에는 대출하면 꺾기라 하여 대출과 동시에 적금을 권하던 시절이었다.

그 적금을 해약하여 한 번은 넘겼지만 얼마 후 완전히 망하게 된다. 회사의 문을 닫을 때까지 퇴직금도 못 받고 근무하여준 직원들에게 이 글에서 고맙고 미안한 마음을 전한다.

아버지의 부도난 회사를 내가 맡으면서 아버지의 빚이 내게로 전가되었고, 그 빚을 갚으려니 수익만으로는 운영이 힘들어 나 역시 주변에 빚을 내었다. 연이어 나까지 부도가 나다 보니 희망이 보이지 않았는지 채권자들은 지독스럽게 돈을 받으러 왔다. 당연한 일이다.

나는 도저히 부산에 있을 수가 없어 서울 처가로 몸을 피하였다. 서울에 있는 아내의 오빠 집에서 지내다가 아내의 둘째 언니 남편인 동서의 소개로 이름있는 건설회사 통신구 공사장에서 일하게 된다. 당시에 서울에는 전기선과 통신선을 지하로 매설하는 공사가 한창이었다.

서울 생활 6개월이 지나고 아내와 딸과 아들도 서울로 왔다. 그러나 공사장의 분위기는 내가 살아온 환경과는 너무 달라서 힘이 들었다. 결국 1년 6개월 만에 부산으로 내려오게 되었다. 그때는 어렵기도 했지만 무얼 몰라서 큰 처남댁에 4식구가 살면서 돈을 한 푼도 내지 않았다.

그래도 싫은 내색도 없었다. 세월이 흘러 알게 되었지만 내가 너무 생각이 없었다는 생각이 들어 뒤늦게나마 죄송하다고 말씀드렸다. 지금도 생각하면 너무 죄송스럽다.

회사를 정리할 때 남은 상품을 헐값에 처분하기도 하고 매입 거래처는 가지고 있는 상품을 반품 형식으로 정리하였다. 그리고 서울에서 매월 나오는 월급으로 급한 대로 빚도 갚아가고 있었다. 그래도 빚이 많이 남아 부산에 내려가면 어려움을 겪게 되는 것이 분명하였지만 나에게는 새로운 환경이 필요했다.

잘못된 선택 2

아내는 반대했다. 그런데 내가 또 한 번의 잘못된 선택을 한 것이다. 나는 가족이라는 단어를 믿었다. 그러나 그건 순전히 내 생각이 뿐이었으며, 분별력 없는 생각이었다.

내가 어려워진 이유 중 분명한 것은 가족을 위하여 부도 난 사업체를 이어받았다는 것이다. 그 도중 아버지께서 내 어음을 발행하고 감당하지 못하여 나와 아내와 아이들이 곤경을 겪게 된 것인데, 부산에서의 아버지로부터 받는 그 구박과 천시가 너무 심했다.

한 마디로 죽으라면 죽는시늉까지 해야 할 정도였으며, 우리가 종이냐고 소리친 적도 있었다. 그렇게 지내던 중 독립을 결정하는 계기가 왔다. 장인어른 칠순에 다녀오게 되었다. 서울에서 2박을 하고 부산 집에 도착하니 이삿짐(?)이 대문 밖에 나와 있었다.

깜짝 놀라 살펴보니 우리 살림살이였다. 우리 부부와 아이들이 서울에 다녀오는 사이에 단칸방을 얻어 놓고 이사를 하는 중이었다.

하루라도 더 있다 왔으면 더 황당할 뻔하였다. 도대체 이해할 수 없었다. 살림살이도 다 가지고 나오지 못한 채 우리 가족은 단칸방에서 새로운 날이 시작되었다. 이것을 새로운 시작이라고 해야 할지 모르겠다.

어머니께 어떻게 이럴 수가 있느냐고 했더니 어느 날 힘들고 억울해서 아버지에게 "내가 종이냐?"라고 한마디 한 것에 대하여 화가 나서 갑자기 내보내라고 하여 일어난 일이라 하셨다. 변함없는 사실은 우리 가족 네 명은 쫓겨난 것이다. 그 당시 우리에게는 몇만 원의 돈밖에 없었다.

그 돈으로 조그만 봉지 쌀을 사야 했고 아들 학원비를 주어야 했다.

도 전

새로운 시작

이렇게 무엇인가를 시작하게 되는 것도 새로운 시작이라고 명명하여도 될지 모르겠다. 그렇게 본가에서 나온 우리는 무엇인가 결심해야 했다.

아내는 가스레인지와 가스통을 연결하는 주방용 밸브 공장에 다니게 되었고, 나는 매일 술로 하루를 보내었다. 아내는 아침에 출근할 때 내게 약간의 용돈을 주고 나갔다. 나는 그 돈으로 친구를 만나 술을 마시거나 요즘 말로 혼술을 마셨다.

이래서는 안 되겠다고 생각하며, 대학교 앞에서 복사점을 하는 친구를 찾아갔다. 이전에는 생각도 안 해 본 일이지만 복사점을 운영하면서 아이들 공부 시키고 생활하는 친구에게 조언이라도 구하려고 가 본 것이다. 큰 자본은 들지 않았다. 현실은 나에게 그 돈도 없다는 것이 문제였다.

염치없지만 동생을 찾아가서 사정 이야기했다. 동생 이름으로 대출을 대신해 주어 시작할 수 있었다. 그리고 은행에 다달이 원금과 이자를 갚아야 했다.

장소는 전문대 앞 그러나 나에게 창업 자금은 너무도 부족하였고 자금이 부족하여 복사기 대금을 3번 나누어 주는 조건으로 최신형 복사기를 구매하였다.

　당시 1초에 1장씩 복사되는 복사기는 최신형이었다. 최신형 복사기 1대와 중고 복사기 2대, 워드 작업용 컴퓨터, 스캐너와 잉크젯 출력기 A3용을 구매하고, 복사점을 OPEN하였다. 하루 매상 400원, 새로 생긴 복사점에 손님의 외면은 생각보다 심했다.

　또 다른 어려움이 있었다. 민락동에서 구포3동까지는 거리도 멀었고, 일찍 출근한다는 것이 생각보다 힘들었다. 퇴근길에 너무 힘들어 친구 가게에서 실신하듯이 잠을 청한 적도 있었다.

　수입이 없으니 점심은 라면으로 해결했다. 학교 앞 분식점 주인아주머니가 젊은 분이 라면만 먹어서는 안 된다고 하며 라면값만 받고 김밥까지 따로 1줄을 챙겨 주었다. 지금 생각해도 고마운 분이다.

도약

그렇게 시작한 복사점의 매출 저하로 나는 심한 스트레스를 받았다. 새벽에 출근하고 밤늦게 퇴근하는 것이 힘들어 가족 모두 이사를 했다.

이때부터 아내와 함께 일하게 되었다. 이사 온 그날 우리 부부는 어떻게 하든 아이들 뒷바라지에 최선을 다하고, 우리가 죽을 때 아이들 걱정은 하지 않을 수 있게 하자고 서로 약속하였다.

그러나 그런 약속과는 상관없이 현실은 냉담했다. 그렇게 하루하루를 보내던 중 나는 아내에게 의견을 내었다.

빈 복사기를 돌리자고 이야기하였다. 당시에 3개 회사에서 고속 복사기가 출시되고 있었는데 내가 가진 기종이 내구성이 제일 약했다.

당시 내 복사기의 제일 중요한 부품인 드럼(복사하게 하는 원통형 부품)이 100만 원 정도였는데 이걸 그냥 돌린다는 것은 누가 생각해도 바보짓이었다.

그래도 아침 일찍 하고 저녁 늦게 빈 복사기라도 돌리자고 하였다. 그게 효과를 본 것일까? 아침저녁으로 일하는 모습을 보여서인지 실제 복사 의뢰가 많이 들어와 밤을 새우며, 일하는 날이 많아졌다. 주문량을 약속 기간에 납품하기 위해 하루를 바쁘게 보냈다.

초창기 하루 400원이던 매출이 바쁠 때는 복사물이 가게의 바닥에 쌓일 때가 많아졌다. 이때에도 빚은 계속 갚아 나가고 있었다. 어느 추석에는 종이 대금과 직원 월급과 상여금을 주고 나니 만 원 한 장 남은 적도 있었다.

추석에 본가에 빈손으로 못 가서 아내의 카드로 현금 서비스를 받아서 간 적도 있었다.

업종을 바꾸다

그렇게 나름 바쁘게 보내던 어느 날 아들이 학교를 마치고 가게에 들어와서는 이렇게 말하는 것이다. "아빠! 책 복사 불법이에요? 이 말에 할 말이 없었다.

2000년도 즈음 우리나라도 저작권이 강화되기 시작했고, 불법 복제물 단속이 심해지고 있었다. 그 날 저녁 아내와 의논하여 책 복사를 그만하자고 하였다. 아이를 바르게 키우겠다며 법을 피해가면서 책 복사를 할 수는 없지 않냐며 하지 않기로 했다.

아내는 그러면 무엇을 할 것이냐고 물었다. 나는 요즘 토

탈 패션이라며 옷 가게 안에서 옷, 모자, 양말, 스카프 등을 한 곳에서 쇼핑하는 곳이 생기던데, 나는 복사에서 인쇄물과 카탈로그까지 만들어 내는 형태로 운영하고 싶다고 하였다. 그리고 '초고속 복사'란 상호에서 '인쇄 사무 25시'라고 상호를 바꾸고 사업자 등록증을 다시 발급받았다.

호언장담과는 달리 복사도 시작할 때 기술이 없어 어려움을 많이 겪었는데, 내게 인쇄 기술이 있을 리 없었다. 학생들의 책 복사하지 않고 회사 또는 학원 복사 물량으로 겨우 가게를 운영하며, 자진해서 경제적 어려움을 선택한 것이다. 이 부분은 나도 아내도 후회하지 않는다.

두드리면 열릴 것이다

서면 인쇄 골목을 수시로 다녔지만 내게 인쇄 기술을 가르쳐 줄 곳은 어디에도 없었다. 나는 다시 낙담하며 지내고 있었다. 그러던 중 궁하면 통한다고 했던가 어느 날 즉석 명함기라며, 키가 큰 젊은이가 영업차 들렸다.

나는 이것이라도 해야겠다고 생각해서 즉석 명함 기계를 들여놓았다. 이렇게 새로운 길로 들어서게 되었다. 재료를 사러 다니며 봉투 도매상과 종이 도매상을 알게 되었고, 제판 기술자도 알게 되었다. 인쇄는 마스터 인쇄에서 오프셋 인쇄소, 윤전기 인쇄소까지 인쇄물 성격에 따라 다르다는 것을 알게 되었다. 이후 일반인들 왕래가 많은 곳으로 영업 장소도 옮기고, 상호를 대한문화기획으로 변경했다.

　인쇄를 시작할 때 이것저것 배울 것도 많았고 배우려고 많이 쫓아다녔다. 아무것도 모르는 사람에게 그냥 가르쳐 주는 사람은 없었다. 그래도 쫓아가서 한 가지씩 물어가며 배워 나갔다. 그때 도움을 주신 분들께 감사의 말씀을 드린다.

　그렇게 인쇄물을 제작하게 된 나는 확장하여 부산대 부근에 2호점을 개업하였다. 직원도 세 명이나 두고 본격적으로 인쇄업을 시작하였다. 나는 왜 이때 더욱 집중하지 않았는지 후회스럽다. 그렇다고 집중하지 않은 것도 아니다. 포장 상자까지 제작하며 다양한 인쇄물을 취급했다. "과하면 모자람만 못하다고 하였던가?"

　나에게 두 곳을 운영하는 것은 무리였다. 지역의 속성상 주인이 없으니 손님의 왕래가 줄어들었다. 새로 시작한 가게는 조금 외진 곳이다 보니 여기서 적자나 나기 시작하였다. 한번은 멀리서 인쇄 의뢰가 들어왔다. 거절해야만 하는 상황이었는데 나의 어려운 지난 세월이 생각나서 주문받았으나 그런 내 마음과는 다르게 인쇄 대금을 지불하지 않아서 피해가 컸다.

또 아내가 하지 말라고 말리는 인쇄물을 몇 번이나 해주어 손해를 많이 보았다. 이러한 일들이 나의 자금력을 약화하였고 더 이상 이 일을 하는 것이 무리라고 생각하여 그만두기로 하였다. 복사로 시작하여 광고기획실을 꿈꾸던 나는 10년 만에 완전한 실패를 하였다.

나의 딸과 아들

나는 슬하에 1녀 1남을 두고 있다. 어려운 환경에서도 잘 자라준 아이들이 고맙다. 우리 부부가 구포3동에 와서 약속했듯이 이 세상을 떠날 때 딸과 아들 걱정은 하지 않아도 될 것 같다. 처음 구포 3동에 도착하여 생활하면서 아이들 교육 방법에 대하여 생각하였다.

나는 어린 시절은 놀아야 한다고 생각한다. 그런데 주변의 학원은 하교 후 3시간 정도 수업하였다. 단과반을 운영하는 학원은 없었다. 그래서 대체 방법으로 학습지를 선택하였다. 영어, 수학 두 과목만 신청하였다. 그런데 구포에는 이 학습지들의 지국이 없었다. 다행히도 영역을 넓히려는 지국장님의 의욕 덕분에 아이들이 학습지로 공부를 할 수 있었다.

학원비보다 비싼 학습지여서인지 지국장님의 바람은 이루어지지 않았다. 학원은 1달 8만 원, 학습지는 과목당 8만 원 두 과목에 16만 원인데 아이들이 진도를 빨리 나가면 그 이상의 비용이 지출되었다. 아직 복사점 매출이 저조하여 경제적으로 어려운 상황이었지만 좋았다. 아니 기뻤다.

이후에도 동네 학원에 보내지 않고 딸은 일반 외국어 학원에 보내고 아들은 지역에서 큰 입시학원에 보냈다. 이 학원은 초등학교 단과반을 운영하고 있었다. 50cc 원동기로 딸을 태우고 학원을 왕복하였는데 학원을 마치고 나오는 아이에게 닭꼬치 사 주는 행복은 무엇과도 비교할 수 없었다.

아이들 교육은 아내보다 내가 더 적극적이었다. 하지만 아이들은 내가 느끼지 못했던 안정감을 아내로부터 느꼈을 것이다. 복사하는 가게에 방이 있어서 학교 다녀오면 같이 있을 수 있었다. 나는 어린 시절 부모님이 집에 안 계셨다. 두 분이 함께 사업을 하셨으니, 학교 다녀오면 엄마 얼굴을 보지 못하였다. 집안일을 돌보아주는 도우미분이 나를 맞이해주었다.

시간이 흘러서 아이들이 중학교에 가게 되었다. 딸아이는 주변 지역에서 중학교에 다녔다. 둘째가 중학교에 가게 되었을 때다.

　나는 아들을 이 지역을 벗어나서 보낼 결심을 한다. 다른 학군으로 보냈고 외고를 다니던 딸과 함께 매일 등교와 하교를 시켰고 딸은 늦게 수업 끝나기 때문에 기다려서 태우고 왔다.

　아들은 초등학교 5학년 때 부산시교육청 영재로 선발되었고, 중학교 2학년 때 부산대학교 영재센터에도 합격하였으나, 끝까지 다니지는 못했다. 이것 또한 나의 능력 부족 때문이다.

　나는 내 아이들에게 좀 더 좋은 교육환경을 만들어 주지 못한 것에 대하여 늘 미안하다. 딸은 부산외국어고등학교를 나왔고, 아들은 일반 고등학교를 나왔다. 둘 다 성적이 좋았다. 우리 부부의 자랑이었고 기쁨이었다.

　하지만 아픔도 있었다. 딸이 집에서 학교가 멀어 1년 동안 등하교를 내가 시켰다. 그러다가 친구도 사귈 겸 하여 통학버스로 다니게 하였는데 바램과는 달리 딸은 지금까지

연락하고 지내는 고등학교 친구가 없다. 당시 외고는 등록금 외에도 꽤 많은 돈이 들어가는 학교였으며, 가난한 부모를 둔 내 딸은 부자 부모를 둔 친구들과 어울리지 못하였다고 나는 생각한다.

수능 날 시험을 치르고 나오는 딸의 얼굴을 (딸은 아니라고 하지만) 보면서 매우 흡족했다. 결과는 생각보다 점수가 낮았다. 저녁 시간 가 채점하려고 제방에 들어간 딸의 울음소리가 크게 방문 밖으로 들렸다 가슴이 철렁 내려앉았다. 딸의 울음소리를 들으면서 너무도 가슴이 아팠다. 조금만 더 뒤를 받쳐주었으면 오늘 같은 일은 없었을 것을 자책감이 밀물처럼 밀려왔다.

재수를 생각했다. 고민은 재수하려면 서울로 보내야 하는데 딸이라 그 결정이 쉽지 않았다. 또 내년에는 둘째가 대학에 가야 한다. 그런 고민 중 딸아이가 한국교원대학교를 선택하였고 합격했다. 정말 기뻤지만 나는 지금도 딸이 가정 형편을 생각하여 이 학교를 선택한 것 같아 늘 미안함을 느낀다.

딸이 대학교를 입학한 그해 여름 아내는 척추협착증으로 허리 수술을 하게 되고 나는 부도 나기 전보다 더한 걱정의 시간을 보냈다. 원장 선생님께서 직접 수술해 주셨는데 수술이 잘 되었다며 걱정하지 않아도 된다고 하였다.

아들이 고등학교 3학년이어서 내가 같이 생활하고 딸이 여름 방학 기간이라 아내를 간호하였다. 아내는 다행히 잘 회복하여 생활하는 데 무리가 없었고 그해 가을에 모임에서 강원도 설악산에 있는 봉정암을 다녀올 정도로 건강을 회복했다.

한해가 흘러 아들이 수능을 보고 서울대를 지망하였으나, 1차는 합격하고 2차 면접에서 떨어졌다. 아들은 재수해서 서울대를 가기를 원했다. 나는 살면서 1년은 아무것도 아니라며, 재수를 선택한 아들의 생각을 지지하였다.
재수를 서울에서 하기로 하고 아들이 선택한 학원 근처에 지낼 고시원을 얻었다. 조그만 방에서 처음으로 혼자 떨어져서 먹는 것과 세탁을 스스로 해결해야 하는 것을 생각하며 부산에 내려오는 동안 아내는 많이 울었다. 생활비와 학원비 등을 생각하여 괜찮은 곳을 얻을 수 없었다.

한번은 아들이 숙소에서 "아빠 너무 아파요"라고 전화가 왔다. 갑작스러운 아들의 전화에 나는 무척 당황스러웠다.
내가 어떻게 해 줄 수가 없는 거리였다. 아들은 나의 위로가 필요했을 것이다.

그런데 나는 아들을 위로해주지 못하고 성을 내었다. 참 아야지 어떻게 하냐고…. 아들이 그날은 너무 서운하였다고 한참 후에 이야기하였다. 나도 그날의 나의 대처는 너무도 미숙하였고 지금 생각해도 미안한 마음이다.

이듬해에 아들은 서울대에 합격했다. 힘들게 공부했고 가족 모두가 바라는 일이었기에 합격 소식은 너무 기뻤다. 그리고 기숙사에 들어가게 되어 다행이었다. 돌이켜 생각해 보니 아이들이 대학교에 다니는 동안 장학금을 받기도 했지만, 등록금을 낼 때면 늘 힘들었다. 보험을 해약하기도 하고, 조금 가지고 있던 패물을 모두 팔기도 하고 학자금 대출을 받기도 했다. 용돈은 아르바이트로 해결해야 했다.
이렇게 대학교를 졸업하고, 딸은 임용고시에 합격하여 중학교 교사가 되었다. 첫 발령지에서 숙소를 구하는데 이때도 역시 가정 형편이 어려워 허술한 원룸을 구할 수밖에 없었는데 여름에는 너무 더웠고 겨울에는 너무 추웠다. 그 열악함으로 인하여 우리는 정말 마음이 아팠다.

이후 딸은 스스로 자신의 환경을 바꾸며 생활하는 모습이 대견했다. 딸이 교통이 불편하다며 승용차를 사야겠다고 했다. 차를 아는 지인으로부터 구입하여 딸에게 전해 주러 가는 길은 기쁨이 밀려온다는 표현 그 자체였다.

아들은 대학교를 졸업하고 공군에 입대하여 2년 후에 제대하고 바로 약대 시험을 준비하는데 더운 여름에 속옷 차림으로 밤늦게까지 공부했다. 옆에서 숨소리도 내기 힘들었다. 그 치열함을 옆에서 보기에도 안타까웠다. 본인의 많은 노력으로 6개월 만에 합격을 한 것이다. 공부하는 모습이 너무 힘들게 보여 옆에서 더 이상 못 볼 것 같았다. 그와 같은 상황은 우리도 아들도 겪게 하고 싶지 않다.

취업

운영하는 기획실이 어려워지자 아내는 당시 절에서 알고 지내던 보살님이 운영하는 커피점에 취직하게 되었다. 나도 가게 보증금까지 다 날리고 집에서 드문드문 인쇄를 의뢰받아 일하고 있었다. 인쇄는 분업화가 잘 되어있어 하청 제작하기가 쉬웠기에 가능한 일이었다.

그러던 중, 아내를 채용한 보살님의 남편 되시는 분에게서 같이 일해보자는 제안이 들어왔다. 그동안 가끔 소주 한 잔씩 한 인연은 있었다. 그렇게 난생처음 회사에 취직하게 되었다.

　서울 건설회사 통신구에서 일한 것도 취직이라면 두 번째
이다. 나는 회사에 적응하지 못했다. 지시받으며 일하는 것
이 나에게는 정말 쉽지 않았다. 아내에게 회사를 그만두고
싶다고 하였더니 그만두라고 하였다.
　방학이라 집에 온 아들에게 이야기하니 가장으로 그 정도
는 견디어야 하는 것 아니냐며 반문했다. 지금도 그 말이
서운하다. 아마 나도 아들에게 상처를 주는 말을 한 적이
많겠다는 생각이 들었다.

　1년 만에 사직서 내는 날 저녁, 절친한 친구에게서 국내
유명 홈쇼핑 상무로 진급하였다는 전화가 왔다. 나는 이 회
사의 제품을 홈쇼핑에 입점하겠다는 생각으로 사직서를 철
회하였다. 그로부터 3년을 더 다니며 상품을 홈쇼핑에 입점
하려고 노력을 많이 하였으나 입점하지 못하였고 4년 만에
퇴사하였다. 퇴사는 하였지만, 우리 부부와 사장 부부와는
지금도 가깝게 잘 지내고 있다.
　이 회사에 다니며, 대학에 편입학하여, 한방 건강식품 관
련 공부를 하였고, 복수전공을 하여 사회복지학도 공부하였
으며, 우등상도 받았다.

새로운 일. 새로운 직업

인쇄업을 같이 하던 아내가 일이 잘되지 않으니 혼자 다른 일을 해보고 싶다고 했다. 마침 잘 알고 지내던 분이 커피점을 맡아서 운영해 달라는 권유를 받았다. 그리고 4년이 지나 그 커피점을 아내가 인수하게 된다.

그때 아내의 헌신으로 살림살이에 큰 도움이 되었다. 여기서 빠진 이야기가 있는데, 기획실을 폐업한 후 전셋집마저 경매에 넘어갔다. 엎친 데 덮친 격이었다. 전세금을 다 회수하지 못하고 월세방으로 옮겼다.

어느 날 동생에게 전화가 왔다. 아파트를 매입하라고 했다. 어느 때부터인가 서로 왕래가 거의 없었기에 내 사정을 전혀 모르고 이야기 한 것이다.

결론은 은행 대출받으면 가능했다. 전셋집이 경매에 넘어간 후 월세 살던 나는 아내에게 은행 이자나 월세나 그게 그거니 아파트를 사자고 했고, 살던 집 보증금과 모든 돈을 끌어 모으고 대출하여 아파트를 계약했다. 그렇게 작은 아파트지만 우리 집이 생겼다.

실패 후 우리 두 부부의 힘과 동생의 도움으로 이룬 결과였고 매우 기뻤다. 그러나 집을 살 때 받은 대출금과 계속 갚아가고 있는 빚으로 인하여 경제적으로는 무척 힘들었다. 그러던 중 아내가 운영하는 커피점을 넘기게 되었다. 그것도 강제로 쫓겨난 것이나 다름없다.

아내의 커피점은 대형 쇼핑몰 내에 있었다. 이 업체는 입점주의 입장은 전혀 고려하지 않았다. 지금도 그런지는 모르겠다. 브랜드 커피점을 유치한다는 이유로 계약 해지를 요구해 왔다. 지정하는 브랜드로 영업을 지속하겠다고 하여도, 이미 입점주가 내정되어 있다고 하였다. 결론을 정해 놓고 통보하는 것임이 분명하였다.

모든 마트는 쇼핑몰로서 영업 허가가 나와 있기에 1년마다 재계약을 하였다. 임대차 보호법에도 적용되지 않아 재계약을 못 하고 쫓겨났다. 결국 몇 푼 안 되는 이사비용을 받고 아무런 대항도 못 하고 나올 수밖에 없었다.

또 새로운 시작

테이크 아웃만 하는 커피점을 다시 시작하였다. 나도 이 시기에 퇴사하여 다시 아내와 함께 커피점을 시작하였다. 나는 지금도 욕심이란 것이 사람의 시야를 가린다고 생각한다. 창업하는 사람을 만나면 의욕보다는 성공의 확률을 수

치로 계산해보고 시작해도 늦지 않고 자신감이 앞서면 실패의 요인이 보이지 않는다고 강조하여 말해주고 싶다.

　뒤에 생각해 보니 새로 시작한 장소는 강물로 비유하면 수초 없이 물살만 센 그런 장소였다. 풍수지리를 배운 적이 있었는데, 배운 대로라면 그 자리에 점포를 구하는 것이 아니었다.

　이왕 시작한 커피점의 상호를 카페 브라운 빈으로 정하고 사업자 등록을 하고 영업을 시작하였다.

　우려대로 매출이 너무도 부진했다. 지하철역 통로였는데 상가가 짧고, 행인들의 주목을 받을만한 그 무엇도 없었기에 행인은 많이 다니지만 다들 바쁘게 다닐 뿐이었다.

　시선을 끌기 위하여 조그마한 로스팅 기계를 샀다. 눈꽃빙수기도 구매했다. 토스트도 구워 팔고, 빵도 구워보고 새벽에 김밥을 준비해서 출근길에 판매도 하였다. 로스팅은 냄새를 싫어하는 행인들의 항의로 이내 그만두었다.

　가슴 아픈 일도 많았다. 어느 겨울날 눈보라 치고 진눈깨비 내리던 날, 조금이라도 비탈진 곳은 버스도 운행하지 않았다. 출근길에 걸어서 대로변까지 내려가다가 종이가방이 터져 길바닥에 식빵이 널브러졌다. 괜한 내 성질에 아내의 눈에 눈물도 흘리게 하였다.

그런 고생과 노력이 헛되지 않았는지 매출이 오르기 시작했다. 그런데 사스라는 전염병이 돌고, 메르스가 오고, 세월호 사건이 터졌다. 세월호 사건이 터진 후에 매출은 점점 하강 곡선을 그었다. 여러 가지의 이유가 있겠지만 주 5일제, 50시간 근무, 주변의 커피점이 많이 생기다 보니 영업 여건은 나날이 나빠졌다.

이 어려움을 이겨 내고자 브라운빈 2호점을 열었고, 이 2호점은 지금도 내 마음을 아프게 하고, 가족들에게 미안한 마음을 가질 수밖에 없는 상처이다. 독단적 결정이었기 때문이다.

이때 아버지께서 돌아가셨다. 불교 신도인 나는 죽음으로 인한 무상함이 교리와 신행심으로 체득되는 것이 아니라는 것을 알게 되었고, 아버지의 죽음으로 인하여 삶과 죽음, 잘 산다는 것, 잘 죽는다는 것에 관심을 가지고 공부를 하게 되었다. 이를 계기로 나는 웰 다잉(존엄사) 강의를 하러 다닌다.

아버지는 요양병원에 계시다가 호스피스 병동에서 3개월 넘게 더 계셨다. 아내가 커피점을 운영해야 하기에 간병할 사람은 나밖에 없었다. 1인실이라 간병인이 상주해야만 했다. 아내는 커피점을 혼자서 맡아 운영하였다.

매일 매일 혼자서 가게를 여닫고, 그 와중에도 매일 퇴근

하면서 병원에 들려 속옷도 전해 주고 잠깐이라도 나를 보고 위로해주고 가는 일이 쉽지 않았을 것이다.

아들도 고생이 많았다. 내가 잠시 일이 있거나 피곤해하면 대신 할아버지의 병석을 맡아주었다.

3개월 넘게 2호점 문을 닫을 수밖에 없었다. 그 3개월은 2호점 역시 폐업으로 이어졌다. 이 2호점으로 나는 내 형편에서 인터리어 비용과 2년간의 월세 등으로 감당하기 어려울 정도의 큰 손실을 보게 된다.

그런데, 얼마 지나지 않아 코로나 팬데믹이 덮친 것이다. 1호점 상가를 10년 계약하였기에, 남은 기간이 많지 않아 운영할 수밖에 다른 방법은 없었다. 그냥 빚으로 빚으로 버티어 나가는 방법뿐이었다. 그리고 2022년 3월 30일에 카페브라운 빈을 폐업하였다.

❹ 희망을 품는다

저자의 강의하는 모습

또다시 희망을 품어 본다

커피점을 운영하면서 학원에서 바리스타 자격증 과정을 강의하였다. 강의하다 보니 경영에 관하여 공부하여 수강생들에게 알려 주어야겠다는 생각이 들어서, 나는 외식경영학과에 또 편입학을 한다. 여기서 복수전공으로 심리학을 하였는데 이것이 계기가 되어 심리상담사에 관심을 두게 되었고, 대학원 불교학과에서 명상 심리를 전공하여 석사를 취득했다. 총장 명의의 표창장도 받았다.

나는 다시 한발 한발 나아갈 것이다. 최근 척추 전방전위증으로 척추에 핀을 박고 회복 중인 아내에게 고맙다는 마음을 보여 줄 수 있는 것은 어려움에 굴복하거나 패배하지 않는 모습을 보여 주는 길뿐이다.

아내는 자신의 아픔과 불편함 속에서도 늘 웃어준다.
자기 몸과 마음에 칼날이 스쳐 간 자욱이 있는 것을 내가 알고 있는데도, 그래서 나는 더욱 용기를 내야 하고 계획한 바를 실천하며 살고 싶다.

그리고 나의 딸과 아들에게 훗날 기억되는 모습이 아빠는 약했지만 그래도 포기하지 않고 삶을 꿋꿋하게 살아낸 모습으로 기억되기를 원한다.어느 한순간도 내 인생이 아닌 적은 없다. 어제도 오늘도 내일도….

여러 가지 어려움이 있었지만, 포기를 해 본 적은 없다. 앞으로도 그럴 것이다. 나의 단 한 번의 생을 위하여 이 세상과 인연이 다 할 때까지 살아낼 것이다. 나는 나에게 응원한다. 잘 해왔고 잘할 것이라고.!

7장

진로가 바뀌어도 괜찮아

허지원

다중지능검사 : 재능 찾기

4살 경 아버지와 찍은 사진

모든 부모가 그렇듯 자녀들이 각자의 재능을 살려서 즐겁게 살기를 바란다. 적어도 성향이 맞지 않는 일을 선택해서 힘들지 않기를 바란다.

우리 부모님의 경우 학원을 보내기보다 자녀들의 타고난 강점을 찾고 그 역량을 키워주려고 노력했다. 그래서 나는 초등학교 6학년까지도 영어로 badminton을 쓸 줄은 몰랐으나 내 강점이 뭔지는 말할 수 있었다.

보통 성격 유형 검사를 학교에서 처음 접하는데, 나는 4살쯤부터 다중지능, 에니어그램, MBTI, DISC 등등 각종 성격 유형 검사를 했다.

솔직히 어린 아이가 자신에 대해 얼마나 객관적으로 표현할 수 있을까. '직관적인', '내향적인' 이런 용어들은 내게 어려웠고, 중학생이 되기 전까지는 부모님이 관찰한 나의 특징을 기반으로 검사를 했다고 봐도 무방하나 그 관찰은 정확했다.

초등학교 저학년 때 다중지능 검사를 했다. 그때 신체운동지능, 대인관계지능, 언어지능, 자연친화기능이 높게 나왔는데, 신기하게도 지난 20년간 나의 진로 방황은 이 4가지 영역에서 이루어졌다는 걸 알 수 있다.

깨달음

진로 고민이 될 때는 각종 성격 유형 검사 및 강점을 찾아주는 검사를 해보기를 추천한다. 나의 강점을 알 수 있을 뿐 아니라 나는 죽어도 이 일은 10분도 못 하겠다 싶은 일도 알 수 있다.

그럼, 그 일은 내 관심 분야 리스트에서 삭제하면 된다. 싫어하는 것을 아는 것도 진로를 선택하는 데 도움이 된다.

    * 다중지능 검사란 하버드대학교 하워드 가드너(Howard Earl Gardner) 교수의 다중지능이론(Multiple Inteligence Theory)를 기반으로 개발된 검사다. 이 다중지능 이론이란 언어, 음악, 논리수학, 공간, 신체운동, 대인관계, 자기이해, 자연탐구 8가지의 영역 지능의 조합으로 수많은 재능이 발현된다는 이론이다.

❷ 신체운동지능 : 배드민턴 국가대표

신안초등학교 배드민턴부(신문에 실렸던 사진)

☐ 운동신경이 있는 아이

초등학교 3학년 2학기부터 5학년 겨울방학까지 약 2년간 배드민턴 선수 생활을 했다. 국가대표 선수가 되겠다는 거창한 목표가 있었던 건 아니고 운동신경이 있다는 말을 많이 듣고, 배드민턴 치는 것을 좋아하는 걸 보고 부모님께서는 내가 예체능에 재능이 있는가 싶어 보낸 거였다.

☐ 선수 생활

아마추어와 선수는 다르다. 매일 운동장을 20바퀴 뛰었으며 매일 숨이 목 끝까지 차올랐고 그때마다 포기하고 싶은 충동과 포기하면 안 된다는 프로의식 사이에서 싸웠다. 10번 중 9번은 이겨내지 못했다. 배드민턴 대회에 나갔으나 성과는 좋지 않았다.

지나고 나서 어머니께서 얘기하기로는 그 당시 내가 자존감이 떨어지고 지쳐 보였다고 한다. 5학년 말이 되어서 부모님은 더 늦기 전에 공부의 세계로 나를 다시 들여놓아야겠다고 생각하셨다. 더 이상 나도 선수 생활에 대한 미련이 없었다.

5학년 겨울방학에 선수 생활을 그만두고 다시 평범한 학생으로서 공부의 세계로 들어갔다. 다른 선수들이 야간 훈련을 갈 때 수학학원에 다니면서 운동과 공부를 병행하던 나는 큰 무리 없이 정규과정을 따라갔다.

☐ **아마추어의 세계**

운동을 그만두고 교내 스포츠클럽 활동을 했다. 학교 스포츠클럽 대표로 배드민턴 대회를 나갔는데, 이제는 프로 선수가 아닌 실력 있는 아마추어로서 즐겁게 배드민턴을 칠 수 있었다.

☐ **너는 왜 그렇게 열심히 해?**

'최선을 다해 열심히 잘하자' 이 말은 선수 생활 나의 모토였다. 선수를 그만둔 이후에 학교생활을 할 때면 친구들은 내가 열심히 하는 것에 신기했다. 눈앞에 놓인 일에 최선을 다하는 것은 선수로서 기본 덕목이었다. 잘하지 않으면 열심히라도 해야 했고, 잘하면 내 능력을 발휘하기 위해 열심히 해야 한다. 노력하는 건 기본이며 잘하려고 노력하는 건 내게 당연한 자세였다.

깨달음

선수 생활은 내 인생에 크고 작은 영향을 미쳤다. 작게는 진로를 바꾼 것이고 크게는 삶을 살아가는 태도를 바꾸었다.

① 즐기는 자는 이길 수 없다.

10년이 지난 지금 당시 선수부 친구들의 성과를 보면 그 당시 적당히 요령도 피우면서 즐겁게 배드민턴을 쳤던 선수가 가장 좋은 성적을 내고 있다. 물론 그 친구도 운동할 때는 배드민턴을 싫어했을지도 모르지만 내가 보기에는 즐겁게 운동하던 것처럼 보였다.

② 절대적인 시간 투자는 필요하다.

내가 학원에 다니고 정규 훈련에 만족할 때, 몇 명 선수들은 야간 훈련과 배드민턴 선수 경기 모니터링을 했다. 절대적인 시간 투자가 많은 선수의 실력 향상이 빨랐다.

이 두 가지 경험을 통해, 나는 어떤 것을 할 때면 내가 의도적으로 그것을 좋아하게 했고, 하루의 일정 시간 이상을 그 분야에 에너지를 쏟는 경향이 있다. 그렇게 성취한 것이 중국어 독학이다.

③ 무리에 따라 내 위치가 달라진다.

선수 생활을 할 때는 잘한다는 소리 한번 들은 적 없는 내가, 아마추어 세계에서는 잘한다는 칭찬을 받았다. 나보다 잘하는 또래가 많다는 걸 알고 있었기 때문에 처음에는 이 칭찬을 받아들이지 못했으나, 이제는 실력 있는 아마추어로서 나를 받아들이면서 즐겁게 배드민턴을 칠 수 있었다.

나의 실력은 달라진 바가 없으나 내가 속한 무리가 달라지면서 나는 배드민턴을 잘하는 사람이 되었다. 이때 나는 실력은 상대적이라는 것과 어느 무리에 있느냐에 따라 사람들이 나를 대하는 태도가 달라지는 것을 깨달았다.

이 경험을 토대로, 내가 잘한다는 생각이 들 때는 또 다른 집단에 나를 소속시켜서 나를 성장시키고 내가 부족하다는 생각이 들 때는 내가 실력자가 될 수 있는 무리에 잠시

속해서 느끼는 방식으로 나를 키워나간다.

④ 기본기가 중요하다.

아무리 뛰어나고 창의적인 경기도, 결국은 몇 가지 기술을 근간으로 이루어진다. 선수와 아마추어는 스윙 자세부터 다른데, 아무리 공이 빠르고 스매싱을 때려도 자세를 보자마자 이 사람의 실력이 드러난다.

그래서 나는 어떤 것을 처음 배울 때 전문가로부터 기본기를 탄탄하게 배우려고 한다. 처음 잘못된 방식으로 배워서 그게 몸에 익으면 바로잡기 어렵다는 것을 깨달았기 때문이다.

⑤ 2년 몰입은 에이스를 만든다.

2년의 선수 생활은 나를 아마추어 세계의 에이스로 만들었다. 중고등학생 때는 학교 대표 스포츠클럽 선수로서 전국대회에도 나가는 등 배드민턴은 나의 일상과 자존감의 엔진이 되었다.

직장 생활을 하는 지금도 배드민턴 소모임에 나가는데, 아는 사람 한 명 없는 곳에서도 환영받으며 즐겁게 배드민턴을 칠 수 있는 이유는 실력이 되기 때문이다.

이 경험을 토대로 내가 어떤 일을 2년만 몰입해서 하면 내 삶을 바꿀 수 있다는 신념이 생겼다.

⑥ 나에 대한 믿음은 중요하다

선수로서 마지막 경기는 아직도 잊히지 않는다. 그날도 역시 패배했고 7명 선수를 뽑는 대회에서 8등을 했다. 경기를 마치고 코치님이 한 말은 내 심장을 파고들었다.

"상대는 너한테 힘이 달려서 클리어(공을 높게 띄우는 것)를 치는데 네가 그걸 다시 띄워주면 어떡해. 아무튼, 고생했다."

코치님이 나에게 기대하고 있다는 걸 처음 깨달았다. 경기를 마치고 집에 와서 혼자 엉엉 울었다. 내가 나에 대한 믿음이 없었다는 걸 깨달았기 때문이다. 그 사실이 스스로 부끄러웠고 화가 났으며 과거의 나에게 너무나도 미안했다.

사람들은 나에게 긍정적이라며 에너지가 좋다고 말한다. 그 근간은, 나를 믿어주기로 결심했기 때문이다. 내가 나를 믿어주고 격려해 주는 만큼 내가 실력 발휘를 할 수 있다고 믿기 때문이다.

❸ 자연친화지능 : 동물행동학자

서울대학교 주관 고등학생 수의학 아카데미에
선발되어 찍은 사진

❑ 동물의 마음을 읽는 사람

나는 동식물 키우는 것을 좋아했다. 햄스터를 키우면 2년
은 키웠으며 직접 톱밥도 갈고 매일 밥을 챙겨주는 건 내
하루의 시작이자 마무리였다. 동물원도 좋아했다. 특정 좋
아하는 동물이 있었던 건 아니지만, 그들이 각자만의 개성
대로 살아가는 모습이 매력적으로 보였다.

중학생이 되었을 때 〈TV 동물농장〉이라는 프로그램에서
애니멀커뮤니케이터'하이디'를 보았다. 관찰을 통해 동물의
마음을 읽고 눈빛만으로 행동을 변화시키는 모습이 마치 마
법사처럼 느껴졌다. 어렸을 때부터 남들과 다른 희소한 것
을 선호했기에, 이 직업은 더 매력적이었다.

❑ 유기견보호센터 봉사활동

방학이면 유기견보호센터에 가서 봉사활동을 했다. 케이지의 똥을 치우고 크고 작은 개들을 산책시키는 일이었는데, 봉사활동을 갔다 오면 온몸에서 개 특유의 냄새와 분비물 냄새가 진동했다. 에어컨이 나오는 쾌적한 환경에서 편하게 앉아서 하는 봉사활동은 아니었으나 어느 봉사활동보다 즐겁게 했다.

종종 어머니와 봉사활동을 같이 가기도 했는데, 어머니는 큰 개를 보면 뒷걸음질 치셨다. 나 또한 개에게 물릴까 봐 두려웠으나 그 마음을 뒤로하고 케이지 안으로 들어가 바닥 청소를 했다. 결국, 내가 극복해야 하는 마음이라는 생각이 들었기 때문이다. 두려움보다는 그 개들도 포용하려는 태도가 더 앞섰다.

지금은 큰 개를 보면 쉽사리 다가가지는 못한다. 어떤 분야를 선택하겠다는 마음가짐은 기꺼이 불편감을 감수할 수 있는 태도를 만든다는 것을 알 수 있다.

고등학교 2학년 겨울방학
유기견보호센터 봉사활동

❑ 동물행동학자가 될 거야

대학 진학을 위해 관련 학과를 찾아보니 동물행동학이 근접했다. 침팬지 행동 연구자 제인 구달의 다큐멘터리 영상을 몇 번이고 돌려봤고, 동물행동학자의 책을 탐독했다.

당시 최재천 교수님께 어떤 학과에 가야 동물행동자가 되는 데 유리한 지 메일로 문의할 정도로 진심이었다. 이미 나는 상상 속에서 최재천 교수님의 제자로서 아프리카에서 제인 구달을 만나고 있었다.

❑ 수의학과 : 상향

동물행동학을 공부하기 위해서는 수의학과에 진학해야 했다. 고등학교 1학년까지는 상위 성적권을 유지하면서 탄탄대로가 펼쳐질 것만 같았다.

그러나 학년이 오를수록 성적은 하향곡선을 그렸다. 기숙사에 다니면서 공부 잘하는 이미지였으나 성적은 그렇지 못했다. 공부하는 척을 하며 학교에 다녔다. 고등학교 3학년, 이제는 나의 성적을 직면해야 했다.

절망 그 자체였다.

대인관계지능 : 간호사

고등학교 3학년, 간호사라는 직업에 대해 알기 위해
수십 권의 책을 읽었다

❏ 자율학습 시간에 특강 듣고 와도 될까요?

고등학교 3학년 5월, 교내에서 1, 2학년을 대상으로 진로
박람회가 열렸다. 3학년은 자율학습 시간이었으나 나는 담
임선생님께 양해를 구하고 박람회에 참석했다.

특강 표에는 딜러, 변리사, 승무원 등 여러 직업군이 있
었다. 사람들 돕는 것을 좋아하고 건강에도 관심이었었기에
간호학과 강의를 들으러 갔다. 간호학과 교수님의 2시간 강
의였고, 이 짧은 시간은 내 삶의 방향을 바꿨다.

❑ 경력 단절 안 되는 전문직

교수님은 두 개의 이야기와 강의를 시작했다. 첫 번째는 본인의 딸 이야기였다. 첫째 딸은 명문 사립대학교의 일반 학과를 나왔으나 취업난과 스펙 쌓기에 돈과 시간을 다 쓰다가 결국 눈을 낮춰 회사에 들어갔고, 둘째는 간호학과에 진학해 취업 걱정 없이 성적과 영어 공부만 하면서 방학을 즐기다가 병원 경력을 쌓아 미국 간호사가 되었다고 했다.

두 번째 이야기는 결혼한 대학 동기가 아이를 낳고 무기력증에 빠졌을 때, 장롱면허를 살려 동네 의원에서 취업했고, 이후 돈도 벌고 사회생활을 하면서 삶의 활기를 찾았다는 내용이었다.

당시 어머니를 통해 경력 단절 여성 이야기를 접하면서 실력 있는 여성의 취업 및 결혼 현실을 들어왔기에 교수님의 이야기는 귀에 쏙쏙 박혔다. 그뿐만 아니라 해외에 대한 로망이 있었던 나에게 해외의 가능성이 열리면서 나는 한번도 상상한 적 없었던 간호학과에 가기로 마음을 정한다

❑ 원서접수 4개월을 앞두고 진로를 바꾸다

사실 내 성적을 알게 된 부모님은 고등학교 3학년이 되었을 때 조심스레 간호학과 이야기를 먼저 꺼냈다. 대인관계지능이 높은 것을 고려한 맞춤형 권유였으나 나는 분야가 아닌 직업을 보았고, 결사반대했다. 그 정도로 내 선택지에

는 없던 학과였다.

특강을 듣고 간호학과를 가야겠다고 선택한 이후, 어머니는 성격유형검사 결과를 토대로 보아도 대인관계지능과 사회형이 높게 나오는 내게 간호사가 잘 맞을 거라며 주변 간호사 지인과 인연을 맺어주는 등 적극적으로 응원했다.

그렇게 대학교 원서접수 4개월 전, 간호사에 대한 유튜브와 관련 서적을 닥치는 대로 찾아봤다. 간호사 태움을 그때 처음 접했을 정도로 간호사가 무지했으나 간호학과가 아니면 내가 갈 학과는 없다는 생각으로 홀린 듯이 간호학과 진학을 준비했다.

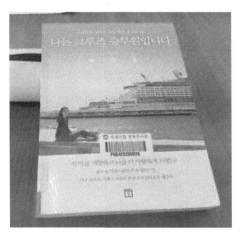

해외에서 일하고 싶은 열망이 컸기에,
간호학과를 졸업해서 크루즈 간호사 승무원이
되겠다는 목표를 세워 의미 부여했다.

5년 넘게 꿈꿔왔던 동물행동학자를 간호학과 진학을 준비할 때는 고통스러웠다. 이미 자소서는 수의학과를 타깃으로 작성되어 있었기에 자소서뿐만 아니라 두뇌구조를 개조한다는 생각이 들 정도였다.

하지만 그렇다고 생물학과를 선택해서 자연과학을 공부할 엄두는 나지 않았다. 적어도 내가 나에게 안 맞는 것들을 피해서, 지금 내가 할 수 있는 최선을 선택하기로 했다.

수시 원서 6개 중 하나는 나의 어린 시절에 대한 예의로서 꿈이었던 수의학과에 넣고 나머지는 모두 간호학과에 지원했다. 그렇게 간호학과에 왔다.

❑ **머리로 내린 선택**
간호학과를 선택한 이유는 명확했다.
1. 내 한 몸 책임질 수 있다.
2. 경력 단절이 안 된다.
3. 사람을 대하는 직업이다
4. 해외에도 갈 수 있다.

학과 수업은 어렵긴 했으나 재미없진 않았다. 운 좋게 열심히 사는 친구들을 만나 대학 생활을 즐겁게 보낼 수 있었다. 가끔 이 길이 맞나 의문이 들더라도 면허증만 따놓자는 생각으로 학교에 다녔다.

깨달음

① 각자의 강점은 다르다.

고등학교 2~3학년은 내 자존감이 바닥을 쳤을 때다. 뭐든 해낼 수 있다는 자신감으로 커왔기에 노력하면 언니처럼 공부를 잘할 수 있을 거로 생각했지만 그건 착각이었다.

성적이라는 절대적인 기준으로 대학 리스트가 결정되는 고등학교 3학년, 명문대학교에 원서를 넣는 언니와 내 대학교의 레벨이 다르다는 것을 직면했다. 이 절대적인 수치는 고등학교 내내 내 자존감을 갉아먹었다.

'해바라기와 채송화는 다르다.'

당시 어머니께서 내게 자주 했던 말이다. 각자의 강점이 다르다는 말이지만 당시에는 해바라기는 채송화가 될 수 없다는 비관적인 말로 들렸다. 하지만 이후 서로의 대학 생활 이야기를 나누면서 나랑 언니는 타고난 점이 다르다는 것을 받아들였다.

언니: 나는 사람이랑 대하는 일 하면 에너지 빨림
나: 그래? 난 컴퓨터만 보면서 연구하면 그게 더 힘들어

내가 가진 강점을 당연하게 생각하지 말자. 다른 사람의 강점이 있는 것처럼 나의 강점도 분명 존재한다. 나의 강점에 의미부여를 하고 이 강점을 살릴 수 있는 일과 해당 직업군을 찾는 방식으로 진로를 탐색하는 걸 권한다.

20년이다. 내가 이 사실을 미리 깨달았더라면 더 좋았을 터라는 후회도 있으나, 지금이라도 받아들여서 다행이다. 20살이 되면서 나는 나의 특징과 강점에 초점을 맞추기 시작한다.

② 좋아하는 일을 선택해도 굶어 죽진 않는다

현재 나는 간호사로 일하고 있고 언니는 대학원생으로서 연구에 참여하고 있다. 대학교 진학 당시 언니는 주변의 만류에도 개의치 않고 본인이 원하는 분야를 선택했고 나는 주변의 권유에 힘입어 간호학과를 선택했다. 이 선택이 만든 삶의 모습은 확연히 차이가 났다.

돈, 경력 단절 등 현실적인 이유를 근거로 학과를 선택한 나는 현재 월급의 일정 부분을 모으며 직장 생활을 하고 있다. 비록 내가 애정을 갖고 좋아하는 일은 아니지만 치가 떨리도록 싫은 일은 아니기에 일단 1년만 버텨보자는 마인드로 살아간다.

어떤 미래를 상상하시기에 그렇게 '대학', '간호학과'하시는 건지 순수하게 궁금해졌다. 부모님은 어떤 가치를 중요시 여기실까. 물론 내가 원하는 대로 살거다. 꼭 간호사가 아니더라도.

어머니/아버지는 제가 간호학과를 가고 어떤 삶을 살 것같다고 상상하세요?

어머니: 전문직을 가졌으면 좋겠다. 경제적으로 자립하는 것. 그럼 너가 선택해서 원하는 걸 할 수 있다. 그리고 결혼해서도 혼자 살아도 당당하게 살아갈 수 있다. 누군가가 '어떤 일 하세요?'라고 했을 때 '네, 저는 ~~일 해요~'라고 말 할 수도 있다. (어머니 지인들)

아버지: 딱히 생각 안해봤다. 단지 간호학과가 지원이한테 맞을까, 졸업할 때까지 등록금을 지원해주자는 생각을 한다. 그 이후는 지원이가 자립해서 돈을 벌 능력이 있을 것이다.

고등학교 3학년, 블로그에 쓴 글. 나의 가치를 찾기보다는 어른들의 가치를 듣고 취사선택하는 방식을 택해왔다는 걸 알 수 있다.

언니는 본인이 좋아하고 잘하는 것을 선택했다. 본인 스스로 노예 생활을 하고 있다고 말하지만 동시에 주변에서 힘들지 않냐고 물으면 '제가 좋아서 선택한 거니까요'라며 당당하게 말한다. 언니의 자신감 있는 눈빛과 본인 분야에 대한 애정을 보면 또 그 애정만큼 쌓여가는 전문성을 볼수록 세상에 굶어 죽을 일은 없다는 것을 깨달았다.

이 깨달음은 아직 행동으로 옮기진 않았으나 언제든 내가 원하는 것을 향해 나아갈 수 있는 사례가 되어준다.

⑤ 대인관계지능 : 보건교사

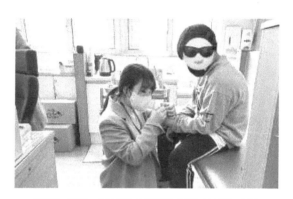

대학교 4학년, 초등학교 보건교사 교생 실습하는 모습

☐ 지향하는 삶과 다른 간호사의 현실

대학생이 되면서 나에겐 새로운 지향점이 생겼다. 경력 단절 안 되는 커리어우먼으로서 결혼생활을 하는 삶은 내가 지향하는 삶이 아니었다.

아름다운 웨이브 머리를 하고 구두를 신고 당당하고 우아하게 걸으며 전문성 있게 밝은 기운을 뿜으며 일하고 싶은 꿈을 가졌다. 나를 찾아오는 고객은 나를 신뢰하며 성장해 가는 미래를 상상했다. 하지만 실습으로 본 간호사의 모습은 나의 이상과 달랐다. 떨어져 가는 간호화를 신고 활동성 좋은 간호사복을 입고 몇십 년 차가 되어도 이제 갓 의대를 졸업한 인턴에게 맞춰주는 그 모습이 내 인생에 사이렌을 울렸다.

❏ J 선배와의 만남

그러다 어머니의 소개로 투자자 J 선배를 만났다. 선배는
책 〈부의 추월차선〉을 2번 읽고 다시 찾아오라고 했다.

당시 내 목표는 미국 간호사였다. 단순히 영어 잘해서 미
국에 가면 잘 풀릴 거로 생각했다. 하지만 선배는 내가 막
연한 꿈속에서 산다는 것을 직시시켰다. 굳이 일을 하면서
힘들게 살지 말고 강점을 살려 편한 삶을 선택하는 것을 권
했다.

대학교 4학년, 병원 실습 마치고 지쳤다.

주변에서 J 선배처럼 말하는 사람이 없었기에 나는 충격에 휩싸였다. 편한 삶을 살겠다는 건 내 선택지에 없었다. 선배와 이야기하면서 내게 새로운 선택지가 생긴 거다.

이 두 번의 만남에서 막연한 행복 회로를 따라가던 나의 삶을 알아챌 수 있었으나 동시에 이미 절반을 지나온 간호학과인데 이제 어떤 선택을 해야 내가 바라는 삶을 살 수 있을지에 대한 고민이 시작되었다.

❑ 보건교사도 좋겠어

대학교 4학년 1학기에 초등학교 보건실로 교생실습을 했다. 간호사처럼 뛰어다니지 않아도 되고 선생님 소리를 들으며 창문 밖에서는 아이들의 웃음소리가 들렸다.

퇴근 후 카페에 몇 시간을 앉아있어도 해가 떠 있었다. 이런 삶도 있다는 사실이 충격이었다. 병원에서 밥 먹을 시간도 없이 땀 흘리며 뛰어다니던 간호사 선생님들의 모습이 떠올랐다. 왜 어른들이 보건교사를 그렇게나 권했는지 알 것 같았다.

J 선배와의 만남 이후 간호사 삶에 대한 회의감이 커졌던 시기에 교생실습을 나가게 되면서 간호사보다는 보건교사의 삶이 내가 지향하는 삶을 사는 데 더 도움이 될 거라는 판

단이 들었다.

임용 준비는 보통 1년을 잡고 하는데, 당시 나는 휴학할 생각이 있을 정도로 쉬고 싶은 생각이 컸던 시기이기에 부모님과 친구들에게는 다음 해에 보건교사 임용시험을 준비할 거라고 말하며 진로 선택을 미뤘다.

보건교사가 될 생각이 있기는 했으나 스스로 이 선택은 남들에게 말하기 위한 변명임을 알고 있었다.

□ **방황을 벗어나기 위한 노력**

당시 방황은 대학교 2학년부터 4학년까지, 3년 동안 이어진 끈질긴 방황이었다. 나 스스로 우울증은 아니라는 건 알고 있었으나 우울감과 무력감이 불청객처럼 찾아왔다.

대학교 4학년 개강 하루 전날, 두 가지 감정이 극에 달하였고 마음 한 켠에는 휴학할 생각까지 들었다. 그때 그저 나의 감정을 터놓을 사람이 필요해 어머니에게 전화를 걸었는데, 어머니는 두 가지를 추천했다.

첫 번째는 몸을 움직이는 것이었고, 두 번째는 홍진영의 〈산다는 것〉 노래를 들어보는 것이다.

그날 기숙사에서 버스 타고 부산구치소에 내려서 어머니의 추천곡을 들으면서 다대포해수욕장까지 약 15km를 걸어갔다. 걷다가 돌 위에 앉아 쉬다가, 다시 또 걷고 벤치에 눕고 다시 걸었다.

　오전에 출발해서 해 질 녘에 도착했다. 그때 깨달은 게 있다. 아무리 힘들고 긴 여정이더라도, 중간중간 쉬어도 된다는 것과 결국 포기하지 않고 계속 나아가면 도달할 수 있다는 거였다.

깨달음

이름 없는 길을 걷다가 팻말을 보는데 어찌나 반갑던지. 돌이켜보니 다대포해수욕장까지 걸었던 게 힘들게 느껴지지 않을 정도로 심적인 고통이 컸던 것 같다.

① 조언이 많으면 나를 잃는다

"간호학과 나와서 교사가 최고야"

1학년 때 상위 10%의 성적을 유지하여 교직과정 자격을 취득했다. 교직 과정을 한다고 하면 사람들은 한마음으로 교사가 될 것을 권했다.

간호사에 비해 강하지 않은 업무 강도와 개인 시간을 확보할 수 있어 그 시간에 하고 싶은 공부로 자기 계발을 하며 운동과 취미생활을 하며 삶의 활력을 채워가면 된다는 근거였다.

어른들의 말이 머리로는 이해했으나 그 인생은 너무나도 따분해 보였다. 교사를 선택하면 평생 그 우물 속에서 단비에 취해 벗어나지 못할 것 같은 직감이 들었다.

지금도 창업자 이야기를 담은 영상을 자주 본다. 그들의 공통점은 젊어서는 나처럼 아무것도 없었으나 결국 꿈을 이루었다는 것이다. 나도 비록 지금은 쥐뿔도 없지만 그들처럼 더 뛰어난 존재가 될 수 있다는 믿음이 있었다. 창업자 중에서는 안정적인 직장과 워라벨을 선택한 사람은 없었다.

나는 어떤 선택을 할 때 어른들의 말을 듣고 선택하는 경향이 있다. 내겐 없는, 선택의 미래에 대한 데이터가 있기 때문이다. 간호학과를 선택한 것도 같은 이유였다.

하지만 이번에는 선뜻 그들의 말을 듣고 선택할 수가 없었다. 적당히 좋아 보이는 틀에 나를 한계 짓고 싶지 않았다. 하지만 J 선배를 비롯해 모든 어른이 보건교사를 추천하는 현상을 보면서 과거 나의 선택 경향과 마음의 소리 사이에서 어떤 선택도 하지 못했다.

대학교 4학년이 되면서 다들 취업 준비를 할 때 나는 다음 해에 교사 준비를 하겠다는 핑계를 대며 선택을 미뤘다.

그림 68. 다대포해수욕장에 도착해서 모래사장 위에 적은 글. 힘들어도 나에 대한 믿음은 있었다.

언어 지능 : 통번역가

그림 69 대학교 4학년, 한중언어예술경연대회에서 우수상을 받았다.
옆에는 중국인 버디 친구다.

외국인과 친해지고 싶다는 욕구 하나로, 대학교 입학하자마자 중국어를 독학했다. 중국어 발음부터 시작해서 대학교 4학년이 되었을 때는 로맨스 학원물 영화는 자막 없이 볼 수준까지 되었다.

대학교 4학년에는 교내 한중말하기대회에서 전공생을 제치고 2등을 했다. 전공생보다 높은 성적을 받게 되면서 진심으로 통번역가가 되는 것을 고민했다. 지난 4년간 중국어에 몰입해서 실력을 키운 속도와 질리더라도 결국 다시 중국어를 듣고 싶어 하는 이 애정을 보면 5년 이내에 나는 중국어 통번역가로서 밥벌이할 정도의 수준은 만들 수 있을 것 같은 확신이 들었다.

　대학교 4학년 9월, 나 홀로 대만여행을 4박 5일 다녀왔는데 짜릿한 경험이었다. 현지인과 대화가 통했고 한 남성분과 영화 같은 순간도 경험하면서 역시 해외와 관련된 일을 해야겠다고 확신했다.

　친구들이 대학병원에 지원서를 넣을 때, 나는 국내 통번역대학원의 위치와 학비, 통번역가의 진로 방향과 미래에 대해 찾아봤다.

　하지만 통번역대학원에 가려면 몇천만 원의 돈이 필요했다. 내 수중에는 그 정도의 돈이 없었고, AI의 발전을 실시간으로 접하게 되면서 간호학과에서는 들어본 적 없었던 'AI로 대체될 직업'이라는 말을 들으니 겁이 난 것도 사실이다.

　결론적으로 당시 내가 해외를 갈 수 있는 가장 쉬운 방법은 해외간호사가 되는 것이었다. 대학교 4학년 10월, 동기들은 최종 합격 결과를 기다리던 시기에 나는 귀국하자마자 채용 공고가 뜬 병원에 지원했고, 종합병원에 합격했다.

　통번역가에 대한 꿈은 잠시 접어둔 상태이다. 통번역가를 본업으로 삼을 생각은 없으나 언젠가 중국인이나 대만인 남자친구를 사귀는 상상을 한다.

깨달음

① 마음이 가는 걸 소중히 여기자

간호대학생이라면 모두 해외간호사를 꿈꾼다고 생각했다. 하지만 4학년에 취업을 앞두고 동기들과 각자 원하는 삶을 이야기하면서 모두의 욕구가 같지 않다는 것을 깨달았다.

국내 대학병원에서 말뚝을 박겠다는 친구도 있었고, 공무원을 꿈꾸는 친구도 있었다. 나는 해외에서 살고 싶다고 말했다. 나는 그들을 신기하게 바라봤고, 그 친구들은 나를 신기하게 바라봤다. 이때 나는 해외에서 살고 싶다는 욕구 또한 나의 차별점이라는 것을 깨달았다.

이후 마음이 가는 것 또한 나의 고유성이므로 이 마음을 소중히 여겨야겠다고 다짐했다. 지금 어떤 것을 하고 싶은 마음은 지금의 인연 속에서 생겨난 것이기에 시간이 흐르고 환경이 바뀌면 달라질 수 있는 것이었다.

이때 최선의 선택은 지금 하고 싶은 것에 애정을 다해 관심을 쏟고 이후에 다른 것을 하고 싶어지면 그 하고 싶은 것에 다시 에너지를 쏟으면 되는 거였다. 이제 선택의 기준은 내 마음이 끌리는 것으로 삼기로 정했다.

② 스펙은 만들어지는 거다

어머니께서 대만 여행을 적극적으로 권유할 수 있었던 건 단순히 방황의 소용돌이에서 허우적대는 딸에게 돌파구를 제공하기 위함이 아니었다.

하루 종일 중국어에 빠져서 살고 중국인 친구와 교류하는 모습을 보면서 이번 여행은 내게 단순한 해외여행이 아니라는 점을 알고 계셨던 거다

간호대학생 중에 외국인 버디 활동하는 학생은 나밖에 없었다. 그 시간에 전공 공부하거나 쉬는 학생들도 있었으나 중국어가 내 활력이었다.

비록 다른 친구들만큼 뛰어난 대학 성적은 아니었으나 대학 생활을 돌이켜보면 결국 남는 건 스펙 상관없이 내가 좋아서 해온 중국어임을 깨달았다.

③ 순수한 동기가 가장 강력해요

간호사 국가고시를 치고 2주간 어머니와 단둘이 호주 여행을 다녀온 후 호주 간호사가 되어야겠다는 확신을 두고 지도교수님과 마지막 상담을 했다. 내 이야기를 다 듣고 교수님은 한마디 하셨다.

"지원 학생은 그냥 해외에서 살아보고 싶은 거잖아요. 순수한 동기가 가장 강력하다고 생각해요".

그림 70 인터뷰, 드라마로 접한 중국어 문장을 모아서 매일 아침 복습하며 외웠다. 지겹기도 했으나 그냥 재미있었고 잘하고 싶다는 마음 하나였다.

    대학 생활을 통해 이제는 머리가 아닌 마음이 이끄는 선택으로 내 삶을 만들어가겠다고 선언했다. 이제 만 22살, 해외에서 잘 안 되더라도 잃은 게 뭐가 있으랴! 돈은 벌면 되고, 내 마음이 이끄는 곳으로 가보자.

호주에서 자유로움을 느꼈다.

⑦ 다중지능 호스피스 센터 간호사

신규간호사 100기념사진

현재 나는 호스피스 병동에서 간호사로 일하고 있다. 간호사로서 어떤 간호를 제공해서 환자와 가족들을 편하게 만들 수 있을지, 덜 힘들게 도울 수 있을지를 고민하는 걸 보면 이 일은 나와 잘 맞다.

물론 일하는 게 쉽지만은 않다. 시간 내에 해야 할 일이 밀려버리면 밥 거르기와 오버타임은 일상이며, 일을 마치고 오면 방전되어 멍하니 있다가 잠든다. 왜 어른들이 보건교사를 권했는지 뼈저리게 느낀다.

일하는 모습은 나의 지향점과 차이가 있으나 일이 안 맞아서 그만하고 싶은 생각이 들진 않다. 참 신기한 일이다.

사람을 다루는 분야인 만큼 간호학 공부뿐 아니라 사람에 대한 이해도를 높이는 과정도 흥미롭고, 환자와 가족들과 나누는 스몰토킹도 일의 재미로 작용한다.

특히 호스피스 병동은 일반 병동과 다르기에, 사람들을 관찰하고 경험을 되짚어 글 쓰는 걸 좋아하는 내게 이 병동에서의 에피소드는 새로운 영감을 준다.

깨달음

① 일상에 재능을 녹여내다

다중지능검사를 진로 선택뿐아니라 일상의 행복을 만드는 요소로도 활용할 수 있다는 걸 깨달았다.

현재 나는 근무표가 맞는 대로 주말에는 배드민턴 모임에 나간다. 3평도 안 되는 기숙사 방에는 최근에 식물을 들여와서 키우고 있으며, 중국 드라마를 보면서 희열과 즐거움을 느낀다. 직장 생활을 하다 보면 지칠 때가 많은데, 그때는 본인이 즐거움을 느끼는 요소를 의도적으로 찾아 나설 필요가 있다.

이때 다중지능검사 결과에 나온 본인의 재능을 직업적인 측면이 아닌, 일상에 녹여내는 방식으로 활용하여 삶의 활력을 만들어보길 추천한다.

✻ 8장 ✻

청소년에게 꿈을 주는
카페 이야기

하현숙

어린 시절의 나

내성적이고 외로운 아이

　나는 시오리 넘는 길을 걸어서 학교에 다녔다. 집에서 가방을 메고 논길을 지나 자갈길을 휘돌아 돌다리를 건너다녔다. 나 또래의 친구는 없고 같은 학교 언니 2명 오빠 5명 정도였다. 나는 주로 나 혼자 학교에 오고 갔다.

　학교 가까이 가면 200년도 넘은 은행나무가 아름드리 서서 마을을 지키고 있었고 마을 사람들은 그 나무를 당상 나무라고 불렀다.

당상 나무 둥치에는 일 년 내내 솔방울, 붉은 고추, 청솔 가지 등을 매단 금줄이 쳐져 있었다. 당상 나무 아래 넓은 평상의 마을 어른들은 가끔 나를 보면 "공부 잘해라." 하면서 찐 고구마나 옥수수도 주고 시원한 물도 한 지게미 주었다.

그곳이 고마운 것은 나를 언제나 따뜻하게 대해주고, 나의 엄마를 위해 기도할 수 있는 곳이기 때문이다.

나의 어머니는 몸이 아파 병석에 누워 있는 날이 많았다.

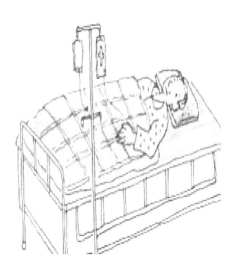

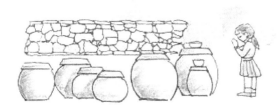

    학교를 마치고 집에 오면 어머니 곁에 쪼르르 다가가 누워 있는 어머니께 "엄마 오늘은 몸이 좀 어때? 학교에서 오늘 그림 그리기 했는데 최우수상 받았어."하고 종알거려도 귀찮은 눈빛으로 아무런 대꾸도 하지 않았다. 그럴 때면 뒷마당에 돌아가서 나 혼자 펑펑 한없이 울기만 했다.

    2남 1녀 중 막내로 태어났고 위로 오빠 둘이 있었지만 진주에서 중학교를 다녀 떨어져 지냈다. 증조할머니, 할아버지 할머니, 부모님 4대가 한집에 사는 대가족에서 어머니가 아프니 나는 주로 증조할머니 손에서 자랐다.

    증조할머니는 여름이면 텃밭에서 오이도 따 주고, 옥수수도 삶아 주면서 "엄마가 아파도 열심히 공부하고 학교 가면 선생님 말씀 잘 들으렴." 하고 항상 나를 가여워했다.

누워 잘 때면 꼭 나를 챙겨 증조할머니 품속에 껴안고 밤새 토닥거려 주었다. 하지만 나의 마음엔 항상 어머니의 사랑이 그리웠고, 다른 아이들처럼 가족끼리 어울려 놀이를 가 보는 게 소원이었다.

아버지는 초등교사였지만 60년대라 생활이 많이 힘들었다. 하지만 교육에 대한 열정이 강해서 중학교부터는 도시에 보내 공부시켰다.

나만 보면 "여자도 공부를 해야 된다. 엄마가 병석에 있어 힘들지만 중학교는 도시로 가서 오빠들처럼 당당하게 학교생활 해 보렴."하고 퇴근해 오면 토닥거려 주었다.

하지만 나는 엄마 곁을 떠날 용기나 마음이 조금도 없었다. 외톨이 내성적인 성격이라 새로운 세상이 두렵고, 아픈 엄마가 너무나 불쌍해 내가 곁에 없으면 곧 돌아갈 것만 같았다.

아버지의 성화에 나도 오빠들처럼 진주여자중학교 진주여자고등학교 진주교육대학교를 다녔다.

성인 시절의 나

41년차 초등교사, 까페갤러리 대표로 변신

나는 6학년 때 나의 담임선생님을 닮고 싶어 1973년 3월 진주교육대학교에 입학했다.

내 목표는 '좋은 선생님 되기'다.

집안 형편이 어려워 학교 공부가 뒤처지는 아이들은 오후에 보충학습을 해 주고 도시락을 못 가져오는 아이들에게는 옥수수로 죽을 쑤어 먹이는 6학년 담임 선생님의 헌신적인 제자 사랑을 보면서 나는 나의 꿈을 찾았다.

교육대학 졸업과 동시에 나의 모교 옥종초등학교에 발령을 받았다. 첫 출근이 얼마나 기뻤는지 지금도 그때를 생각하면 가슴이 쿵쿵거린다.

　　학교 근처에 나의 자취방을 얻어 교사 생활이 시작되었다. 자취방엔 언제나 아이들로 북적댔다. 깔깔거리며 웃는 웃음소리, 순박하고 초롱한 눈빛, 정말 천사가 따로 없다는 느낌이었다.

　　학원 하나 없는 오지에서 자취방을 학원 삼아 붓글씨도 쓰고, 시도 짓고, 그림 그리고 춤도 추면서 우리 반 아이들은 재능이 쌓이기 시작했다.

　　각종 경연대회에서 심심찮게 상도 받아 오고 재능도 쑥쑥 늘었다. 지금도 잊지 못할 일은 1학년 담임을 맡고 일어난 일이다. 학교 퇴근 후 아이들과 함께 자취방에서 춤을 추기 시작하였다. 꼭두각시 춤이었다'

　　항상 까르르 웃음소리가 담을 넘어 길거리에 흩어졌다.

　　하동군 주관 초등학교 예능 대회가 열렸다. 밤마다 놀이 삼아 추었던 1학년 꼭두각시 춤이 학교 대표 작품으로 나가게 되었다. 장려상을 수상하고 학교에 왔을 때 학교가 완전 축제장이 되었다. 50년이 넘어도 그때의 감격이 되살아난다.

1980년 드디어 사랑하는 사람을 만나 결혼을 하고 아들딸 여년 생을 낳고 학교생활 가정생활에 푹 빠져 지냈다.

눈코 뜰 새 없이 학교와 가정을 오가며 교사와 육아에 매진하다 보니 어언 40 후반에 교감, 장학사, 교장, 장학관으로 승진되었다.

학교 관리자로서 또 다른 교육 환경에 접하다 보니 어려움도 많았다. 24년을 관리자로 오로지 교육을 위해 정신없이 지내다 보니 2017년 2월 28일 정년퇴임이 되었다.

퇴임 6개월 남겨두고 나의 장남 36세 노총각이 장가를 갔다. 얼마나 기뻤는지 만나는 사람마다

"우리 집 노총각 장가갑니다. 차 한잔하세요."하고 다녔다. 나의 결혼식 때보다 노총각 장가간 날이 얼마나 감격스러웠는지 모른다.

41년간의 초등 교직을 교장으로 마무리하고 드디어 정년퇴임을 했다.

정년 퇴임과 동시에 인생 후반에 접어들면서 우연히 한국 장학재단 대학생 멘토링 프로그램에 참여하게 되어 대학생 멘토로 1년간 활동했다. 청소년들의 사고와 생활 방식을 차츰 알게 되면서 평생 교육자로 지낸 나는 청소년들에게 꿈을 심어 주고 꿈을 이루게 하는 일도 나쁜 일이 아닐 것

같아 울트라블루 카페를 창업했다.

대학생과 휴학생 등 6명이 운영하면서 좌충우돌, 엉망진창, 무모한 도전 등 어떤 말로도 표현이 안 될 정도로 모두가 힘들었다.

당신이 선택한 길에 아무 장애물이 없다면 그 길은 어디로도 당신을 데려가 주지 못한다. (핑어록 중에서)

내가 좋아하는 말이다.

코로나를 맞아 불어닥친 좌절도 위기도 청소년들의 꿈과 희망 앞에서 힘이 빠지나보다. 극한 상황의 현실 앞에서 나 역시 무던히 발버둥 쳤다.

정부 지원금을 활용하자는 동혁의 생각, 갤러리카페로 변신해 보자는 정인의 의견, 배달시스템을 도입해 보자는 사장의 제안, SNS에 까페 홍보를 띄우자는 의견 등등이 모여 평범했던 카페가 많은 변신을 했다. 그러면서 점점 손님도 늘어 활기를 되찾았다.

코로나 정부 지원금이 나오자 그동안 무보수로 카페 살리기에만 열중했던 직원들은 "끝까지 버티면 되는구나." "희망을 가지면 이루어지는구나"하면서 족발로 파티를 했다. 그 날 그 모습에 나는 울컥하여 목이 메였다. 눈물이 두 뺨에 줄줄 흘러내렸다.

❸ 미래의 나

청소년의 멘토 자유 여행

김이 따끈하게 피어오르는 차 한잔을 테이블 위에 올려 놓고 의자에 풀썩 주저앉았다. 41년째 나의 애마처럼 사용한 걸상이 녹도 슬고 삐꺽거렸다. 70년 동안 버텨 온 나의 다리와 팔도 많이 욱신거리고 머리는 예전처럼 맑지 않다.

적당히 햇볕 드는 공간에 먼지가 쪼끔 쌓인 낡은 라디오에서 쇼팽 야상곡 1번이 흘러나왔다. 익숙한 의자에 앉아 인생 후반 나의 모습을 그려 보았다.

'80세쯤에는 나는 무엇을 하고 있을까?'
건강한 두 다리로 여행을 다니고 있을까?

순간 아름답고 순수한 100세 시인 시바타 도요 할머니가 떠 올랐다. 92세에 시를 쓰기 시작하여 98세에 시집을 출간하고 16만 부가 팔려 각국 언어로 번역되었다.

나도 도요 할머니처럼 100세가 되면

'청소년의 꿈을 찾아 주는 할머니'로 남고 싶다.

모든 청소년이 꿈을 가지고 희망을 잃지 않는 세상을 만들고 싶다. 미래의 나는 청소년의 꿈을 위해 책도 쓰고 강연도 하고 홍보하면서 자유롭게 살고 싶다.

❹   도전과 성취의 경험

41년 교육자 카페 사장이 되다

김형석 연세대 명예 교수는

"100세를 넘어 보니 인생의 제일 황금기가 65세부터 75세까지더라." 했듯이 100세 시대에서 보면 50세에 도전이라는 단어도 그럴듯하게 들렸다.

나는 교육대학교 공부 교육학 석사 박사 교직 생활 41년을 합하면 거의 50년 넘게 초등교육에 몰입했다. 교육대학 2년제 학사과정을 졸업한 상태에서 교직 생활 3년 차에 박사 과정에 도전했다. 4년 학사과정을 마치고 5학기 교육학 석사 과정에 도전했다. 석사과정 입학과 동시에 지금의 남편과 결혼하고 1남 1녀를 두었다.

교사 생활, 결혼생활, 육아, 박사과정 도전, 어느 것 하나 놓칠 수 없이 나에게는 소중한 것들이었다. 하지만 이 모두를 감당하기에는 나에게 무리였다.

가끔 내 자신에게 물어본다. 교단에 서는 날까지는 그래도 1순위는 박사과정 도전이라는 대답이다. 나는 초등교육에 몸담고 있지만 교육학에 대해서 나만의 전문 브랜드를 가져 보고 싶은 도전 욕구가 항상 도사리고 있었다.

2년제 대학 졸업자가 누구도 섣불리 도전하지 않는 박사 과정에 도전을 한다는 게 쉬운 일은 아니다. 하지만 나는 떳떳하게 교단에 서고 싶은 충동이 생겼다. 2006년 7월 드디어 박사과정 논문을 통과하고 졸업을 하게 됐다.

초등교사가 박사과정 졸업이 그다지 필요한 건 아니지만 내 나이 50에 도전해서 이루어 냈다는 성취감에 천하가 모두 내 것 같았다. 나는 세상 어떤 어려움이 닥쳐도 도전하고 이루어 낼 자신감이 생겼다.

언제나 출발은 바로 지금 여기야!

41년 초등 교장을 끝으로 2년의 휴식기를 지난 후 평소 꿈꿔 왔던 '청소년에게 꿈을 찾아주기'에 도전했다. 꿈도 사치일 정도로 어려운 청소년 6명과 함께 카페를 시작했다.

'핑'이란 프로그램으로 꿈이 없는 청소년 6명에게 꿈을 가지게 했다. '세상은 넓고 할 일은 많다.'라는 전 대우 김

우중 님 책을 한 권씩 나누어 갖고 각자 3번 반복 읽은 후 각자의 꿈을 정하고 꿈이 실현될 때까지 체크리스트를 만들었다.

약 1년의 세월이 흘렀다.

희망이 절망으로 변했다. 하지만 나는 "위기를 기회로 삼아 헤쳐 나가야만 한다"고 호소하면서 7명이 뭉쳤다. 청소년에게 꿈과 희망을 주게 하자는 나의 선한 영향력이 이렇게 혹독한 대가를 치를 줄이야. 3년 6개월을 버티고 우리는 크게 깨달았다.

도전에는 반드시 장애물이 있다.

'당신이 선택한 길에 아무런 장애물이 없다면 그 길은 그 어디로도 당신을 데려가 주지 못한다.' ('핑'어록 중)

나는 나의 인생에서 가장 힘든 시기이지만 청소년을 위한 나의 마지막 선한 일이라 후회는 전혀 없었다. 사회적으로 어려운 시기에 도전한 일이라 6명의 청소년에게는 각자 살아가면서 많은 도움이 될 거로 생각하니 청소년들에게 제일 값진 경험이라고 생각한다.

❺ 가장 행복했던 시간과 힘들었던 시간
청소년의 꿈을 찾아 줄 때, 카페 창업

초등교사, 결혼, 두 아이 출산, 자녀 결혼, 승진, 청소년들과의 만남, 카페창업 등 많은 일로 나는 하루하루가 행복했다. 다양한 일 중에서 나에게 가장 행복했던 시간을 꼭 집어 본다면 청소년들에게 꿈을 찾아주고 꿈이 실현되도록 지원을 아낌없이 했던 시간이다.

내 가족의 행복도 좋았지만, 사회에 선한 영향력이 더 가치 있는 행복이라는 걸 알았다. 코로나라는 팬데믹에서 카페를 운영하면서 6명의 청소년이 자기의 꿈을 찾아 헤매는 시간은 값지고 보배로웠다.

스스로 꿈을 찾고 나름 실현 시킬려고 노력하는 순간순간을 보면서 내가 청소년들에게 쏟았던 열정이 헛되지 않았다는 생각에 많은 행복감이 들었다.

군대에 갔다 온 김영철이라는 청년은 아무런 꿈도 자존

감도 없이 하루하루를 지내다 나의 카페에 들어오게 되었다. 동료 직원과 나와 생활하면서 자기를 알아가고 자존감도 높이고 삶에 대한 열정도 가지면서 미래에 대해 많이 고민하더니 결국 공무원 시험에 합격하고 떠났다.

그때 그 순간 얼마나 행복했는지! 펑펑 눈물을 흘렸다. 떠나는 뒷모습이 당당하다 못해 후광이 비치는 기분이었다. 꿈을 잃은 청소년들에게 꿈을 찾아 주고 사회에 나가 성공할 수 있도록 지원하는 일로 나는 나와 내 가족이 행복했던 때 그 이상의 희열을 느끼고 행복했다.

가장 힘들었던 시간은 아이가 많이 아팠을 때와 카페를 창업 했던 시간이다. 첫아들의 출산으로 아들 없는 온 집안에 경사가 났다. 100일을 막 지나자 고열로 경기를 하면서 쓰러지고 아이는 숨을 멈췄다. 응급실로 옮겼지만, 뇌에 산소 공급이 늦어 왼쪽 수족에 경미한 마비가 왔다.

그때부터 아이와 나는 병원을 내 집 드나들다시피 하면서 치료를 받았다. 많은 가슴앓이를 하면서 세월로 하루하루를 버텨 나갔다. 나에게 참으로 힘든 시간이었다.

인생 후반은 꿈과 희망을 잃은 청년들에게 꿈을 찾아 주고자 카페를 창업했다. 6명의 청년과 좌충우돌 신바람 나게 운영했다. 창업 5개월 후 코로나가 덮쳤다. 처음 서너 달은 곧 사라지겠지 하고 가볍게 생각하고 이 또한 지나가리 하면서 매뉴얼에 맞춰 소독과 방역만 열심히 했다. 가볍게 여겼던 코로나가 1년이 되도 물러서지 않았다.

카페는 텅텅 비고, 빵은 구워도 버리기 일쑤며, 직원들은 월급도 못 받는 그야말로 애간장이 타들어 갔다. 가뭄에 단비 내리듯 소상공인 지원금이 나오기 시작했다. 조금 안정을 찾고 코로나 시대 살아 남기 위한 대처법들을 찾아가며 4년 가까이 버텨 냈다.

정말 힘들었던 시간이었지만 서로를 껴안고 소통하고 메뉴 개발하고 하면서 많이 성숙해지고 절박함 속에서 살아남는 방법을 터득하게 되었다.

⑥ 내가 배운 인생의 교훈들

진정한 행복은 선한 영향력

내가 직장 생활을 시작하고 퇴임을 할 때까지 많이도 바쁘게 살아왔다. 나의 계발(박사 졸업) 15년, 자녀 출산에서 결혼까지 35년, 교직 생활 41년, 경제적 안정 25년 자녀 교육 25년 등 많은 일들을 겪으면서 즐거움도 기쁨도 행복도 컸다.

반면 고통도 슬픔도 번민도 숱하게 겪었지만.... 돌이켜 보면 교직에서 퇴임까지 즉 나의 인생 전반기는 나와 내 가족을 위한 삶으로 채워 나갔다. 오직 나의 성장과 발전을 위해 시간을 보냈고. 나의 자녀들을 좋은 대학 보내기 위해 돈과 시간을 썼고, 부를 좇아 알뜰살뜰 아껴가며 살았던 모든 것들이 돌이켜 보면 주변을 위한 일들은 없었다.

퇴임하고 인생 후반을 시작하니 50세 지천명(地天命) 이 넘고 70세가 되어 무엇이든 해도 법도에 어긋나지 않는 나이에 이미 접어들었다. 지금은 자녀들도 떠나고, 살아가는

데 궁핍을 면할 정도의 경제력도 가졌고, 아직은 두 발로 다닐 수 있으니 지금까지의 삶이 오로지 나와 내 가족만의 행복을 위한 삶이었다면. 인생 후반은 청소년을 위한 가치 있는 삶을 살고 싶었다.

'네가 세상에 태어날 때 너는 울었지만 세상은 기뻐했으니 네가 죽을 때 세상은 울어도 너는 기뻐할 수 있도록 그런 삶을 살아라.'
내가 좋아하는 나호바 족의 말이다.

인생의 궁극적 목적은 누구나 행복이라고 한다. 70세 넘게 세상을 살다 보니 진정한 의미의 행복은 나 자신을 위한 삶도 중요하지만 내 주변의 사람들에게 선한 영향력을 펼치며 사는 게 더 아름답고 가치 있는 행복이라는 걸 깨달았다.

나라를 이끌어 가는 청년들이 꿈이 없다면 그 나라는 얼마나 불행할까? 나는 국가의 밝은 미래를 위해 기성세대들은 청년들의 꿈을 찾아 주고 꿈을 실현하고 희망을 품을 수 있도록 작은 관심과 배려를 가져 주길 항상 바란다.

❖ 에필로그 ❖

우리가 자서전을 써야 하는 이유는 매우 많다. 무엇보다 가장 큰 이유와 의미는 자신이 살아온 인생의 과거 현재를 돌아보고 남은 인생을 가치 있게 살아가는 데 있다.

또한 한 사람의 인생에는 수많은 경험과 삶의 지혜가 녹아 있다. 이런 글은 자손과 후손들에 전하는 큰 교훈과 유산이 될 것이고 시대적으론 역사 문화의 자료이자 세대 간에 공감과 소통의 도구가 된다.

우리 또한 자서전 글쓰기 책 쓰기를 통해 우리 자신이 누구인지, 어떤 인생을 살았는지 앞으로 어떤 인생을 살아야 할지 그려보는 소중한 시간이 되었다.

앞으로 우리를 통해 세상에 나올 수많은 작가님과 자서전에 마음에 설렌다. 모두가 자신의 인생을 담은 자서전을 통해 더 나은 나, 진짜 내가 되기를 바라고 응원한다.